UN ESPION
POUR L'ÉTERNITÉ
SORGE

www.editions-balland.com
ISBN 978-2-94071-939-6

Vladimir Fédorovski

UN ESPION POUR L'ÉTERNITÉ SORGE

Balland

Le coup de tonnerre diplomatique

Tout a commencé par un coup de tonnerre diplomatique dans l'atmosphère étouffante de la communauté nazie de Tokyo. En septembre 1941, un journaliste vedette allemand – élu par le vote de ses collègues "le meilleur journaliste allemand de 1940" – fut arrêté par la police japonaise.

Ainsi commença le mythe Sorge qui traversa le siècle comme une fulgurante traînée de poudre, suscitant les passions et laissant en suspens des énigmes indéchiffrables.

Mêlant l'amour à l'espionnage, les tourments personnels à la fureur de l'histoire, Sorge va nous servir de guide à travers un voyage insolite parcourant le temps et l'espace du XXe siècle où il affronta à distance deux grands dictateurs: Staline et Hitler. Nous allons ainsi évoquer les cataclysmes historiques qui allaient structurer le destin de ce grand maître espion: la Première

Guerre mondiale, la révolution russe, la terreur stalinienne et l'attaque nazie contre la Russie en 1941.

Mais en attendant, il semblait incroyable qu'une personne avec une telle réputation puisse être accusée d'espionnage en faveur de l'URSS.

Dans les cercles des ambassadeurs, ses excellentes connaissances de la Chine et du Japon ont été unanimement appréciées, et ses légendaires exploits militaires pendant la Première Guerre mondiale – Sorge a servi dans un régiment d'artillerie et était un chevalier de la croix de fer – l'ont aidé à forger une réputation enviable auprès de ses interlocuteurs allemands, notamment auprès de l'ambassadeur et des attachés militaires.

Avec la couverture parfaite du correspondant du journal de référence *Frankfurter Zeitung*, Sorge a développé ses activités professionnelles avec une conscience et une minutie incontestables, suscitant le respect de ses collègues journalistes. Il fut aussi apprécié comme un des analystes les plus compétents de la politique japonaise si subtile et souvent insaisissable pour des étrangers. Par conséquent, des dignitaires nazis et des journalistes allemands venant à Tokyo se sont invariablement tournés vers ce journaliste charismatique, lui présentant parfois des lettres de recommandation écrites par ceux qui, autrefois, avaient recommandé Sorge lui-même…

Richard Sorge devint ainsi une figure emblématique de la communauté internationale de Tokyo. Même si l'intempérance bohème de sa vie sentimentale, son arrogance et son intolérance, surtout lorsqu'il était ivre, choquaient parfois ses compatriotes, il était néanmoins considéré comme une personne sérieuse et talentueuse, non dépourvue du charme si apprécié par des femmes de toute origine.

La colonie allemande de Tokyo était encore une sorte de microcosme de la société germanique formée avant la prise du pouvoir par Hitler en janvier 1933. Ici, bien que prudemment, des opinions antinazies ont été tolérées et de nombreuses familles allemandes d'origine juive ont pu s'installer en toute sécurité au Japon.

D'ailleurs, l'ambassadeur allemand lui-même était notoirement connu pour son attitude modérée envers le nazisme.

Sorge frappait souvent son entourage par une sorte de radicalisme hérétique, mais ses saillies étaient surtout perçues comme une manifestation du tempérament typiquement berlinois d'un vétéran de la Première Guerre mondiale.

De plus, en 1934, peu de temps après son arrivée au Japon, il rejoignit prudemment la branche étrangère du parti nazi, devenant également membre en vue de l'Association de la presse nazie.

La nouvelle accablante de l'arrestation de cet éminent journaliste fut accueillie avec incrédulité dans les cercles allemands à Tokyo.

Ses collègues journalistes ont immédiatement écrit une lettre à l'ambassadeur, le général Ott, exprimant leur soutien unanime à Sorge et affirmant haut et fort qu'il était innocent. Les autorités allemandes ont aussi demandé l'autorisation de voir le prisonnier.

L'ambassadeur allemand en personne et plusieurs de ses conseillers ont donc été autorisés à rencontrer officiellement Sorge pour lui parler pendant plusieurs minutes en signe « d'une faveur spéciale », après une ferme protestation auprès du nouveau Premier ministre japonais, le général Tojo.

Au début, le général Ott, comme la majorité de ses compatriotes, ne pouvait pas accepter la version officielle japonaise de cette arrestation. Ce dernier connaissait Sorge depuis 1934, alors qu'il occupait encore le poste d'attaché militaire au Japon, et Sorge visitait fréquemment l'ambassade, faisant même partie du cercle restreint d'amis personnels de l'ambassadeur. Ott et Sorge jouaient aux échecs, dînaient et déjeunaient ensemble sur la pelouse de la cour de l'ambassade, sortant souvent de la ville pour se détendre.

Les analyses de Sorge ainsi que ses informations confidentielles ont été régulièrement discutées dans des réunions avec l'ambassadeur et ses conseillers. Le journaliste a été traité comme « un ami proche » et comme « un Allemand très fiable et loyal au régime nazi. »

Peu de temps après le déclenchement de la guerre en Europe, Sorge a même été invité à éditer un bulletin publié par l'ambassade d'Allemagne, et à cet effet, un bureau lui a été attribué où il pouvait lire les télégrammes secrets en provenance de Berlin. Il a d'ailleurs été rémunéré pour son travail. En tant que journaliste et ancien vétéran de la Première Guerre mondiale, Sorge a pu établir des relations étroites avec les attachés militaires et navals successifs, leur livrant des informations et des analyses sur des aspects plus délicats de la politique japonaise.

La première réaction de l'ambassadeur allemand à propos de l'arrestation de Sorge était donc sans équivoque : Sorge a été victime d'une intrigue anti-allemande dans les hautes sphères gouvernementales japonaises. Selon la formule du général Ott fixée dans son premier télégramme adressé à ce propos à Berlin, « il y a un consensus général parmi le personnel de l'ambassade et les membres locaux du parti nazi sur le fait que les soupçons contre Sorge ne sont pas fondés. »

« Autant que je sache, Sorge est resté en contact avec un informateur qui faisait partie du cercle du prince Konoe, le Premier ministre du Japon, dont le gouvernement est cependant récemment tombé. » En ces jours d'octobre 1941, des négociations décisives entre le Japon et les États-Unis se déroulaient avec succès, ce qui pouvait résoudre la question de la guerre et de la paix en Extrême-Orient, et certaines informations confidentielles sur les progrès de ces négociations, considérées comme un secret d'État, ont été portées à la connaissance de Sorge.

« Ainsi, nous ne pouvons pas exclure la possibilité d'une vengeance politique ou d'une intrigue contre Sorge… Un groupe hostile à l'Allemagne continue d'exercer une grande influence sur la police et sur des fonctionnaires du ministère de l'Intérieur et de la Justice, et nous ne pouvons donc pas exclure la possibilité d'un sentiment anti-allemand derrière les actions dirigées contre Sorge. »

« Les éléments qui ont déclenché la lutte dans les coulisses de la vie politique japonaise auraient bien pu déclencher une provocation aussi dramatique et scandaleuse. »

Le télégramme de l'ambassadeur allemand est arrivé à Berlin au ministère des Affaires étrangères le 24 octobre 1941. Le chef du département en charge de l'ambassade à Tokyo a alors écrit :

« Richard Sorge fait partie du cercle d'amis les plus proches de l'ambassadeur Ott. Il est bien connu dans les principaux cercles japonais que Sorge entretenait des liens étroits avec l'ambassadeur, déjà lorsque ce dernier était attaché militaire. Sorge est considéré comme l'un des meilleurs spécialistes du Japon, bien que son attitude critique envers le pays hôte ait souvent suscité un mécontentement considérable parmi les cercles officiels japonais... Un appel au Premier ministre Tojo, qui, en étant également ministre de l'Intérieur, contrôle la police, devrait clarifier la question dès que possible. »

Le ministère allemand des Affaires étrangères a donc invité à Berlin l'ambassadeur du Japon, le général Oshima, un ami personnel du nouveau premier ministre japonais Tojo et l'un des architectes d'une alliance militaire germano-japonaise étroite, ainsi qu'un ardent défenseur de l'entrée du Japon dans la guerre aux côtés de l'Allemagne.

Mais quels que soient ses sentiments personnels, Oshima et ses collaborateurs à Berlin restaient évasifs sur cette délicate affaire. Oui, il est vrai qu'il avait reçu un télégramme crypté de Tokyo à ce sujet.

« Mais cette question relève exclusivement de la compétence de la justice et de la police qui doivent rester libres de toute influence politique. L'arrestation de Sorge, bien sûr, n'a pas beaucoup d'importance du point de vue de la politique étrangère. Au contraire, la police japonaise n'aurait pas osé arrêter Sorge si elle n'avait pas certaines raisons de le soupçonner.

« Il est possible que Sorge ait été arrêté pour avoir aidé le mouvement communiste japonais... »

Mais cette réponse formelle n'a pas pu satisfaire les Allemands.

En attendant, l'ambassadeur Ott et le personnel de l'ambassade à Tokyo étaient unanimes dans leurs doutes sur la version japonaise de l'affaire Sorge, qui d'ailleurs commença par nier sa culpabilité.

Berlin a estimé qu'il était impératif de traiter cette affaire « dans les meilleurs délais » et de libérer Sorge. L'ambassadeur japonais à Berlin a donc été invité à utiliser toute son influence pour résoudre « le problème Sorge ».

Mais le 31 octobre, l'ambassadeur japonais à Berlin est devenu un peu plus loquace.

Au cours d'une rencontre fortuite avec un responsable du ministère allemand des Affaires étrangères impliqué dans l'affaire, Oshima a déclaré : « il est devenu clair que les autorités japonaises chargées de l'enquête avaient des preuves écrites des liens de Sorge avec les communistes japonais. Et par conséquent, il est impossible d'intervenir dans le processus, qui doit se terminer au tribunal – une instance politiquement indépendante et responsable uniquement envers l'empereur lui-même. »

Oshima considérait cependant qu'il était tout à fait possible que Sorge ait pu utiliser les communistes pour obtenir des informations politiques sur « les tendances et les sentiments qui prévalaient au sein du gouvernement japonais. » Le fonctionnaire allemand avec lequel l'ambassadeur s'était entretenu, avait trouvé cette hypothèse « hautement improbable ». Il avait lui-même servi à Tokyo et connaissait personnellement Sorge, mais « n'a jamais remarqué ses sympathies communistes ».

Cependant, des diplomates japonais et allemands étaient unanimes sur le fait que cette question ne devait pas nuire aux relations germano-japonaises visant à parvenir à un accord militaire et politique complet. C'est pourquoi la première réaction d'Oshima était exactement la même que celle de ses homologues allemands. Il ne s'est jamais lassé de souligner que « peut-être la meilleure solution serait de permettre à Sorge de quitter le Japon sans entrave, de sorte que l'ennemi ne puisse pas tirer le capital politique de cet incident ».

À Tokyo, cependant, il n'y avait toujours aucun signe de clarification de la situation. Le 13 novembre, l'ambassadeur d'Allemagne a télégraphié à Berlin que, malgré des rappels constants, le ministère japonais des Affaires étrangères n'avait encore présenté aucune preuve des accusations portées contre la personne arrêtée et lui-même n'avait pas réussi à obtenir des informations du ministre de la Justice. Les enquêtes requises n'ont jamais été faites. Il n'était pas non plus autorisé à revisiter Sorge.

Bien que l'affaire ait été gardée strictement confidentielle, l'ambassade d'Allemagne eut connaissance de nombreuses arrestations parmi les Japonais : « Un haut fonctionnaire m'a informé en toute confiance que plus de trois cents personnes avaient déjà été arrêtées. »

L'identité de l'opérateur radio Max Clausen circula. Il avait fourni des analyses à partir des archives du consulat allemand à Yokohama, où il fut enregistré comme homme d'affaires spécialisé dans le commerce d'exportation-importation et résidant au Japon depuis 1935. « À ce jour, le consulat n'a rien entendu sur les opinions politiques de Clausen et de sa femme qui pourraient nuire à leur réputation. »

Cependant, le 25 novembre, le général Ott a pu télégraphier à Berlin le contenu d'une brève information envoyée à l'ambassade par le parquet japonais et rédigée à lumière des résultats de l'enquête préliminaire sur l'affaire Richard Sorge. Ce document a été remis à l'ambassadeur par le ministre japonais des Affaires étrangères « avec une demande de garder le plus strict secret » autour de cette affaire. Ce mémorandum a levé le voile du mystère entourant Sorge depuis son arrestation. Ce fut aussi le premier signe que Sorge avait commencé à coopérer avec les autorités japonaises pour clarifier la vraie nature de sa mission secrète au Japon et son propre passé.

Le résumé, transmis à Berlin sans commentaire, contenait des extraits des premières pages du témoignage de Sorge.

« L'accusé Richard Sorge, après avoir vécu les horreurs de la guerre passée, est devenu convaincu que le système capitaliste de notre temps a des contradictions évidentes, et il a rejoint le mouvement ouvrier cherchant à mettre fin à la guerre. Il a étudié la littérature communiste et il est progressivement devenu un militant communiste. En novembre 1919, à Hambourg, il devint membre du Parti communiste allemand et s'engagea dans la propagande clandestine, l'agitation et le travail éducatif. En janvier 1925, Sorge a assisté à un congrès organisé par le Komintern (l'International communiste) en tant que délégué du Comité central du Parti communiste allemand, puis il a été chargé d'entamer la coopération avec le Département de l'information du Komintern (services secrets de cette organisation) continuant à travailler sous ses auspices.

« Au printemps 1930, il a été chargé de se concentrer sur l'espionnage en faveur de l'URSS, se rendant en Chine et y effectuant des missions clandestines dans diverses parties du pays. Après avoir reçu de nouvelles instructions pour opérer en parallèle au Japon, il arriva à Berlin pour rejoindre le parti national-socialiste allemand. Cherchant une couverture, il a immédiatement obtenu un emploi de correspondant pour le *Frankfurter Zeitung* et à ce titre, en septembre 1933, il est arrivé au Japon via les États-Unis.

« Depuis ce moment jusqu'à son arrestation, il a camouflé ses activités illégales, agissant en tant que membre du parti nazi et correspondant des journaux allemands. En réalité, cependant, il a créé un grand réseau d'espionnage secret sous la direction du Komintern avec l'aide du nationaliste yougoslave Vukelich, d'un certain nombre de citoyens japonais, ainsi que d'autres étrangers, recueillant des informations – toujours en coopération avec le Komintern – sur des questions militaires, politiques, économiques au Japon, transmises à Moscou en utilisant un émetteur radio et de diverses autres manières. »

Le général Ott a ajouté qu'il avait demandé au ministre japonais des Affaires étrangères de le mettre au courant des preuves sur lesquelles se fondait ce mémorandum.

Ott a terminé son télégramme par une demande de vérification des accusations portées par le parquet japonais contre Sorge en Allemagne.

Ainsi à Berlin, comme auparavant à Tokyo, l'affaire Richard Sorge a été lancée.

La vie d'un espion, par définition, ne peut être documentée. Dans le cas de Sorge, il fut particulièrement difficile pour les enquêteurs japonais de vérifier directement en Allemagne les informations que Sorge jugeait nécessaire de divulguer sur lui-même. Et bien sûr, il fut absolument impossible pour les Japonais de se rendre en Union soviétique pour y mener une enquête détaillée.

Cependant, certains éléments de cette incroyable biographie furent révélés.

La jeunesse allemande

Richard Sorge est né le 4 octobre 1895 dans la petite ville d'Adjikent près de Bakou, au centre des champs de pétrole du Caucase. Son père, Wilhelm Richard Sorge, était un ingénieur minier allemand travaillant pour une société pétrolière qui appartenait à la société de l'industriel suédois Nobel. Sa mère, beaucoup plus jeune que son mari, était une Russe d'origine ukrainienne. Cependant, il s'agissait d'une famille type de la bourgeoisie germanique parlant exclusivement allemand. Lorsque, plus tard, Sorge se rendit à Moscou, il dut apprendre le russe comme une langue étrangère.

Mais il y avait un grand ancêtre révolutionnaire dans cette famille: en 1848, le grand-oncle paternel de Richard, Friedrich Adolf Sorge, avait pris part au soulèvement armé contre les autorités de la Saxe pour finalement émigrer aux États-Unis en 1852, après l'échec de la révolution. Devenu un communiste convaincu, il occupa le poste de secrétaire général de la Première Internationale, dans les années 1870. Il entretint alors une abondante correspondance avec

Karl Marx et Friedrich Engels. Pourtant la famille de Richard ne garda aucun lien avec ce parent.

Quand Richard eut trois ans, la famille a déménagé en Allemagne, s'installant dans une grande maison de la banlieue bourgeoise berlinoise de Lichterfeld.

Richard Sorge fut très proche de sa mère toute sa vie. D'ailleurs, il lui envoya toujours des cadeaux et des télégrammes pour son anniversaire.

Durant sa petite enfance, Sorge était un garçon à fleur de peau. Il refusait par exemple de dormir dans le noir et la nuit la veilleuse de sa chambre était constamment allumée. Pourtant, il avait un caractère affable et entretenait de bons rapports avec ses frères et sœurs. Le garçon a passé son enfance dans une atmosphère douillette typique de toutes les riches familles berlinoises de cette époque.

Après son retour à Berlin, le père de Richard devint banquier, gagnant puis perdant d'importantes sommes d'argent. Il mourut en 1907 et chacun de ses enfants hérita d'un revenu personnel de la propriété de leur père.

Richard est allé au lycée de Lichterfeld, où il fut perçu comme un garçon équilibré et calme, se distinguant par sa passion pour le sport. D'ailleurs tout au long de sa vie, il a été très fier de ses exploits sportifs. À part un intérêt marqué pour l'histoire et la littérature, on ne lui a pas trouvé de talents intellectuels particuliers, mais dès sa jeunesse il avait une sorte de charisme singulier : il avait le teint cireux mais un physique agréable, et son front proéminent paraissant renforcer la profondeur de son regard.

« Je connaissais les difficultés de l'Allemagne de l'époque mieux que la moyenne des adultes, expliqua-t-il aux Japonais. À l'école, on m'avait surnommé "le Premier ministre". »

Comme son père et ses camarades de classe, il était un patriote invétéré, partisan du pangermanisme et un membre actif de l'organisation de la jeunesse nationaliste, des « oiseaux migrateurs » faisant du camping dans des camps champêtres pendant les vacances ou des week-ends. Durant cette période, Richard était donc un représentant type d'une société bourgeoise.

La guerre

Mais la guerre mondiale changea la donne.

Début août 1914, Richard Sorge avait presque terminé l'école. Il n'avait pas encore dix-neuf ans quand, le 11 août, il se porta volontaire dans l'un des centres de recrutement militaire de Berlin et, après une courte formation, il fut envoyé dans un bataillon d'entraînement du 3e régiment d'artillerie de la garde. Moins d'un mois plus tard, Richard était déjà au front en Flandre.

Le 11 novembre a vu son baptême du feu dans le régiment d'entraînement allemand lors de la bataille de Dixmüde où, chantant des chants patriotiques, de jeunes volontaires attaquaient des mitrailleuses françaises, en subissant des pertes ahurissantes.

En juin 1915, le régiment de Sorge fut transféré sur le front de l'Est en Galicie. Un mois plus tard, Sorge fut blessé par un éclat d'obus à la jambe droite et évacué vers un hôpital militaire à Berlin. Plus tard, Sorge affirma :

« Pendant les moments de répit, les hommes ne rêvaient tous que de la paix… »

Il profita de sa convalescence pour passer brillamment les examens du certificat d'études secondaires avec les meilleures notes, puis il retourna sur le front de l'Est en mars 1916. Cependant, trois semaines plus tard, Sorge fut de nouveau blessé, cette fois très gravement. Il demeura accroché à un fil de fer pensant trois jours avant d'être recueilli par des infirmiers militaires. Ses deux jambes furent brisées par des éclats d'obus, on dut lui couper trois orteils et il en resta légèrement boiteux toute sa vie. Il fut promu au rang de caporal et reçut la Croix de fer, avant d'être démobilisé pour raisons médicales. La même année, ses frères tombèrent au champ d'honneur.

Désormais, la haine de la guerre était entrée dans son cœur pour ne plus jamais en sortir.

La crise en Allemagne renforça cette conviction. Selon Sorge « avec de l'argent, il n'y avait rien qu'on ne pût se procurer au marché noir. Les pauvres n'avaient pour eux que leur colère. L'enthousiasme et l'esprit de sacrifice des débuts de la guerre ont disparu : les profiteurs ont fait leur apparition. Les grands idéaux se dissipent, laissant le champ libre aux visées matérialistes avec un objectif impérialiste : mettre fin à la guerre en Europe en instaurant l'hégémonie allemande ».

Après un douloureux voyage à travers la Russie occupée, il se retrouva dans un hôpital universitaire de Königsberg. Pendant sa convalescence, grâce à son infirmière « intelligente et très cultivée », il lut assidûment Marx et adopta l'idéologie communiste. Le père de son infirmière, un médecin, militant communiste connu, lui fit « un compte rendu détaillé » de la situation du mouvement révolutionnaire en Allemagne, mettant en exergue le rôle extraordinaire du grand-oncle Sorge.

Pendant sa convalescence, il entendit donc parler pour la première fois de Lénine et de ses activités en Suisse.

Mais il se voyait déjà comme son adepte inconditionnel ou – utilisons la formule de Sorge – « un apôtre du mouvement ouvrier révolutionnaire ». Le grand traumatisme de la guerre a incontestablement déterminé son choix. Les illusions de la génération d'un jeune volontaire de 1914 ont disparu. « Je me trouvai plongé dans un profond désarroi », écrivit-il.

Entre le premier baptême du feu et le cauchemar quotidien de la vie de tranchée sur deux fronts de la guerre, Sorge – comme beaucoup de ses contemporains – a vécu une sorte de renaissance spirituelle. Il « acquit la certitude que l'Allemagne était incapable d'inspirer au monde [...] des idées nouvelles » et qu'il fallait se tourner vers la Russie révolutionnaire. Rompant avec sa famille et sa classe, il a plongé dans « une douloureuse période de doutes» à propos des postulats fondamentaux de la société bourgeoise. En dépit de la gravité de ses blessures et des douleurs atroces, il était heureux. Le coup d'État bolchevique d'octobre 1917 en Russie affermit les convictions du jeune homme.

Pour comprendre Sorge, nous sommes donc obligés de faire un détour par la Russie révolutionnaire en évoquant d'une manière détaillée la révolution bolchevique telle qu'il la percevait.

Militant communiste

À l'époque, Sorge rejoint officiellement le parti communiste allemand qui vient d'être fondé. Au début de 1919, il a déménagé à Hambourg pour terminer son doctorat en sciences politiques.

Au printemps 1919, son professeur Gerlach a déménagé de Kiel à Aix-la-Chapelle, où il a dirigé le département d'économie de l'Institut de technologie, et il a invité Sorge à devenir son assistant.

Encore à Hambourg, Sorge, tout en travaillant sur sa thèse de doctorat, a immédiatement plongé dans des activités illégales communistes. Aix-la-Chapelle fut un point encore plus important de la lutte révolutionnaire en Allemagne.

Cependant, avant d'accepter l'offre de Gerlach, Sorge alla à Berlin au Comité central du Parti communiste où il a d'abord rendu compte de la situation à Hambourg, puis a reçu des instructions pour diverses missions politiques clandestines dans la région d'Aix-la-Chapelle. Son poste d'assistant du professeur lui a fourni une bonne couverture pour le travail illégal au service de la direction régionale du Parti. Sa carrière à l'Institut de technologie ne lui prenait pas beaucoup de temps et Sorge se consacrait avec enthousiasme à la création de groupes de jeunes communistes chargés d'étudier la littérature marxiste, permettant ainsi la formation de la future élite politique communiste de la région.

Ce travail illégal apporta à Sorge une grande satisfaction intellectuelle et émotionnelle. Il faisait preuve d'un grand talent d'enseignant : les jeunes militants l'écoutaient avec passion lors des réunions secrètes dans la maison de Gerlach. Mais en mars 1920, Sorge quitte son travail à l'institut.

Son limogeage a coïncidé avec le mémorable « coup d'État de Kapp » – une tentative des éléments militaristes de l'armée allemande de s'emparer du pouvoir politique dans le pays afin d'empêcher une grève générale.

Dans ce contexte agité, le Parti communiste allemand a secrètement recruté des cadres militaires pour travailler dans un organisme connu sous le nom « d'appareil M ». Sorge, avec son expérience du service militaire, était un candidat idéal pour ce genre d'activité.

Quelque temps après le putsch, Sorge a commencé le travail illégal dans les districts miniers de la Ruhr. Il fut membre du comité de grève des mineurs, en charge du travail de propagande.

Le 8 août 1919, Sorge obtenait son doctorat à l'Université de Hambourg, se présentant lui-même comme assistant à l'Institut de technologie d'Aix-la-Chapelle. Puis il a passé la majeure partie de 1920 à Hambourg comme conseiller du journal communiste local formant les cadres du parti.

Depuis 1919, Sorge a donc consacré tout son temps aux activités illégales du Parti communiste. Pendant un certain temps, il a aussi travaillé comme mineur, qualifiant cette expérience d'« aussi précieuse que celle qu'il avait connue sur les champs de bataille de la Première Guerre mondiale. »

Le travail de Sorge dans les mines de la Ruhr continua pendant la première moitié de 1920. Fait intéressant, les tunnels et les galeries dans les mines situées à la frontière germano-danoise étaient utilisés comme voie de contrebande pour les courriers du parti, et Sorge lui-même était personnellement impliqué dans ces activités.

Après son départ de l'Institut de Technologie d'Aix-la-Chapelle, il a perdu sa « couverture » pour ses activités clandestines.

Son travail parmi les mineurs, sous la houlette de l'appareil du parti, visait surtout l'enrôlement des recrues pour une éventuelle action de combat de rue. Mais son activisme a attiré l'attention de la police allemande.

Alors le parti lui ordonna de devenir membre du personnel du journal communiste local *La Voix des mineurs*, et le 28 février 1921, le nom du Dr Richard Sorge apparut dans les archives de la police locale en tant que résident permanent à Solingen, une petite ville de la Ruhr.

Il y a également formé l'organisation locale du parti et, en 1921, a publié son premier livre : un bref commentaire sur l'accumulation du capital, un petit texte marxiste assez convenu. Sorge lui-même qualifiait cette brochure de « maladroite et immature ».

Les militants se rencontraient souvent lors de discussions politiques et "Ika" – c'était le diminutif du prénom de Sorge parmi ses proches – devenait un invité quasi permanent chez son professeur Gerlach. Ce dernier disposait d'une fortune personnelle qui lui permettait de tenir « un salon révolutionnaire » dans sa belle demeure.

Selon l'épouse de Gerlach, Christiane, « les peintres y parlaient d'art nouveau, les poètes y rompaient avec toutes les traditions… Un jeune étudiant de mon mari était assis sans rien dire, au milieu des invités. Il s'appelait Richard Sorge… Très vite, il apparut clairement que mon époux le préférait à tous les autres. Une amitié naquit entre les deux ; nous appelions Sorge par son petit nom, Ika ».

Grand, bien bâti, la chevelure épaisse, Ika donnait l'impression d'être un homme fort…

L'attirance réciproque entre Christiane Gerlach et Richard Sorge était visible. Mais ce dernier ne semblait pas brusquer les choses.

Christiane a écrit à son sujet : « Ika n'a jamais été persistant ; il n'avait pas besoin de chercher à se rapprocher des gens, car ils – hommes et femmes – étaient eux-mêmes attirés par sa personnalité exceptionnelle. »

Mais leur véritable histoire commença à Aix-la-Chapelle à l'automne 1919. Un soir, Ika sonna à la porte… Christiane raconta elle-même :

« J'allai ouvrir et tombai sur Ika.

« Je restai comme frappée par la foudre. En une fraction de seconde, quelque chose en moi s'éveilla qui, jusqu'alors, était en sommeil, quelque chose de dangereux, de sombre, d'inéluctable. »

« Ika n'a jamais rien fait pour ça. Il n'avait pas besoin de courtiser les gens, hommes ou femmes, c'était eux qui couraient à lui. Il usait de moyens plus subtils pour les soumettre à sa volonté. »

La jeune femme se rendit compte qu'elle devait immédiatement parler à son mari… Après une conversation amicale et raisonnable sur un divorce inévitable, Christiane partit en Bavière sans attendre la procédure de divorce.

Cependant Sorge a avoué que « même en [son] for intérieur, [il] n'avait besoin de personne pour exister », « je veux dire exister vraiment et non simplement végéter » comme il le confie à l'époque à son cousin.

À dire vrai, il éprouvait un mépris total pour l'institution bourgeoise du mariage.

Néanmoins, en mai 1921, Christiane et Richard se sont officiellement mariés. Selon la formule de Sorge : « Pour les bourgeois, vivre en concubinage est un scandale. Cela nous ennuie beaucoup l'un et l'autre, mais il nous fallait avaler cette bien amère pilule. »

Au VIIIe Congrès du Parti communiste allemand, tenu à Iéna du 22 au 26 août 1921, Sorge fut l'un des quarante-et-un délégués des organisations régionales de Rhénanie-Westphalie. Il a également fait le compte-rendu des réunions du Congrès dans *La Voix des mineurs*».

Mais paradoxalement, aucune autre trace de ses mouvements n'a été retrouvée dans les archives de la police de Solingen. Pourtant, le Dr Sorge a quitté la ville seulement le 28 septembre 1922.

Sorge – son nom de code de parti à l'époque était Robert – devint un « apparatchik » formé et expérimenté, un spécialiste du travail illégal, combinant des activités de propagande ouvertes avec des missions clandestines.

À l'époque, le professeur Gerlach avait quitté Aix-la-Chapelle pour prendre le poste de professeur d'économie à l'Université de Francfort. Il a toujours été un scientifique « errant », ne restant jamais longtemps dans aucune ville universitaire,

Le professeur chercha surtout des contacts avec des jeunes gens partageant ses idées révolutionnaires. Gerlach était en réalité un militant actif et, comme Sorge, était membre du Parti communiste. Il invita ce dernier à venir à Francfort. Le divorce de Gerlach avec Christine ne semblait nullement nuire aux relations personnelles entre les deux hommes.

Dans les années 1920, Francfort fut une capitale commerciale et intellectuelle de l'Allemagne, et un véritable centre d'expérimentation dans les domaines de la politique, de la littérature et des arts, une ville stratégiquement importante pour la cause communiste.

Le professeur y était donc dans son élément. Il y fréquenta notamment un grand millionnaire d'origine juive, Hermann Weil, qui avait fait fortune dans le commerce des céréales avec l'Amérique latine. Sous l'influence de son fils Félix, Weil s'intéressa avec enthousiasme à l'idée de fonder une organisation privée dans le domaine des recherches sociales et économiques.

En novembre 1922, « la Society for Social Research » fut fondée, avec Hermann Weil comme président. Les noms du professeur Gerlach et du Dr Sorge figurent dans la liste des membres fondateurs de cet institut qui allait devenir un prestigieux centre d'études sociologiques mondialement reconnu. Cette organisation a contribué à la création de l'Institut de recherche sociale, officiellement inauguré en mai 1924. Mais Gerlach mourut bientôt du diabète à la clinique de Berlin. S'il avait été vivant, il serait devenu le premier directeur de cet institut.

Christiane a rapidement rejoint son nouveau mari à Francfort et elle a trouvé un logement – un chalet reconstruit qui était autrefois un appartement de cocher au-dessus d'une étable vide située à côté d'une demeure aristocratique. Les murs des chambres ont été peints dans des couleurs vives par un ami de la famille, artiste expressionniste. Une joyeuse bohème y règne. Des artistes et des écrivains se réunissent souvent, prolongeant parfois leurs discussions jusqu'à l'aube.

À l'époque, Christiane travaillait comme bibliothécaire dans l'institut animé par son ex-époux. Cette nouvelle organisation était inspirée par l'expérience de la révolution d'octobre en Russie. Dans les années 1920, le personnel et les étudiants de l'institut ont contribué à créer une atmosphère progressiste dans les salons intellectuels de Francfort.

Le nouveau visage de la Russie passionnait tous les esprits. Les principaux écrivains et critiques littéraires du pays collaboraient avec le journal indépendant *Frankfurter Zeitung* qui porta au pinacle une nouvelle génération de peintres et d'écrivains allemands.

Mais le groupe réuni autour de l'institut préconisait des activités plus efficaces en contact avec le Parti communiste allemand. Sorge est devenu un membre-clé du « département de gestion » de cet institut en charge des questions de formation, mais il était également « un consultant pour un journal communiste local ». En réalité, ses activités consistaient à maintenir des contacts secrets entre le Comité central de Berlin et l'organisation communiste de Francfort. En outre, il était chargé de conserver les fonds du parti et le matériel de propagande, cachant de gros paquets dans une boîte à charbon au fond d'une salle de classe ou à la bibliothèque de l'Institut de recherche sociale.

Plus tard, Sorge a affirmé que l'organisation du parti à Francfort entretenait « un lien secret constant avec la république ouvrière, proclamée suite au soulèvement armé, et il se rendait souvent en Saxe dans le cadre de missions spéciales comme courrier ».

Le gouvernement saxon, dominé par les sociaux-démocrates, fut formé le 10 octobre 1923. Il comprenait trois principaux leaders communistes comme membres du Cabinet : Heinrich Brandler, Paul Boettcher et Fritz Hackert.

Brandler venait de rentrer de Moscou, où il accepta à contrecœur une aide financière et militaire secrète de la Russie soviétique pour préparer un soulèvement armé général dans toute l'Allemagne, avec l'épicentre en Saxe. Mais le gouvernement du Reich a réagi immédiatement et la Saxe, comme sa capitale, Dresde, a été occupée par l'armée régulière presque sans effusion de sang.

Combats de rue et assassinats politiques se succédèrent. Ce fut aussi l'époque des premières danseuses nues et des jeux morbides, quand certains s'amusaient à faire l'amour dans un cercueil. Le sexe et la mort fleurissaient sur le même arbre de désolation. Appauvries, affamées, des femmes naguère fières et farouches se vendaient au premier venu. Sur une affiche, on put voir un jour un squelette dansant dans la rue avec une fille dévêtue, et ces mots : « *Berlin, ton partenaire est la Mort* »…

La défaite du soulèvement communiste d'octobre, entrepris sous l'instigation de Moscou, a conduit à un réexamen de toutes les relations entre les dirigeants communistes russes et allemands. Et l'échec de la révolution en Allemagne pesa lourd : il prouva que la stratégie de la révolution mondiale prônée par Trotski ne fonctionnait pas. Cela encouragea le camp stalinien, qui préféra concentrer tous ses efforts sur « la construction du socialisme en un seul pays » : la Russie.

Ces événements furent au centre des discussions des fractions du Parti communiste allemand. Dans ce contexte agité a eu lieu la première rencontre de Sorge avec les Russes.

À l'automne 1923, le principal spécialiste soviétique du marxisme, directeur de l'Institut Marx et Engels de Moscou, Ryazanov, vint en Allemagne, cherchant des manuscrits originaux liés à l'histoire intellectuelle du marxisme. Sorge l'a immédiatement rencontré à Berlin puis à Francfort.

Rappelons que le plus proche collaborateur de Karl Marx au sein de la Première Internationale n'était autre que Friedrich Albert Sorge, grand oncle de Richard Sorge, qui émigra aux États-Unis en 1852 où il était actif dans la section allemande du mouvement ouvrier américain. En 1872, Albert Sorge revint en Europe où il fut nommé secrétaire général de la Première Internationale. Il a entretenu une longue correspondance avec Marx et Engels, devenant la principale source d'étude du mouvement marxiste. Il était largement connu et reconnu dans les cercles marxistes internationaux. Ces lettres ont été publiées en 1906 à Stuttgart. Dans la préface de l'édition russe, Lénine a qualifié cette correspondance comme « absolument nécessaire à notre littérature marxiste progressiste ».

Richard Sorge avait eu l'occasion de transmettre à Ryazanov deux ou trois lettres de Marx à Sorge précisant: « Mon grand-père était le secrétaire général de la Première Internationale. J'ai entendu parler de lui à propos de la correspondance entre Marx et Sorge. Je ne sais pas quand il est mort mais probablement en Amérique en 1870. »

Albert Sorge est en réalité mort à New York en 1906 – un fait apparemment inconnu de son « petit-fils ». En vantant devant les Soviétiques des exploits de son « grand-père », Sorge commença à se fabriquer une biographie mythifiée.

Friedrich Albert Sorge était en réalité son grand-oncle, autrement dit le frère du père de son grand-père. En utilisant ce lien familial lointain mais authentique – il n'y avait pratiquement aucun contact entre les deux branches de la famille Sorge – Richard a consciemment créé sa propre légende auprès de ses interlocuteurs soviétiques, guidé par des intentions idéologiques bien réfléchies.

Mais les rencontres entre Ryazanov et Richard Sorge avaient également une autre signification. Ce contact entre un éminent marxiste, spécialiste de l'histoire du socialisme, et un jeune et ardent journaliste communiste allemand a provoqué une profonde émotion chez Richard Sorge.

Ryazanov l'avait immédiatement invité à devenir un collaborateur de l'Institut Marx-Engels de Moscou pour travailler sur l'édition d'une nouvelle édition des œuvres de Marx. Cependant, selon Sorge, « les dirigeants du parti allemand ne m'auraient pas laissé partir ».

Derrière la façade de cette "mission culturelle" en Allemagne, des objectifs secrets étaient clairement visibles. En tout cas, c'était « la première approche soviétique auprès de Sorge ». D'ailleurs plus tard, quand Sorge a déménagé à Moscou, sa femme Christiane a commencé à travailler à l'Institut Marx-Engels de Moscou.

La deuxième et fatidique rencontre entre Sorge et les représentants soviétiques eut lieu en avril 1924, au XIe Congrès du Parti communiste allemand tenu à Francfort, et pourtant interdit par les autorités de la République de Weimar.

Les réunions se sont alors déroulées sous la couverture du Sport Club. Des mesures drastiques ont été prises par la sécurité communiste pour bloquer les interventions de la police. Des détachements armés de militants communistes ont été créés pour garder les réunions et les délégués pendant le congrès.

Le sujet central de la discussion y était la question de la responsabilité de la défaite d'octobre 1923, lorsque les autorités de Weimar ont réussi à prévenir les soulèvements armés en Saxe et en Thuringe. Toute la rébellion s'est alors limitée à des escarmouches sporadiques à Hambourg.

Le soulèvement armé fut orchestré par l'appareil militaire secret du Parti communiste allemand, formé par des officiers du renseignement suivant des directives catégoriques de Moscou. Cet échec de « la révolution allemande » fut au centre d'un débat orageux entre les factions du Parti communiste allemand. Les relations futures de la direction soviétique avec les communistes allemands dépendaient de la solution de ces problèmes.

Une délégation de très haut rang du Komintern a été donc envoyée à Francfort pour soutenir les forces pro-soviétiques à la veille des élections au nouveau Comité central uni du Parti communiste allemand.

Cette délégation se composait de six membres. Elle était dirigée par Dmitri Manuilsky, bolchevik mythique de la vieille garde léniniste, l'un des membres les plus influents du Comité exécutif du Komintern, responsable des affaires allemandes. Un autre membre de cette délégation était Solomon Lozovsky, dirigeant de la Fédération mondiale des syndicats rouges créée par les Soviétiques. La délégation comprenait également trois membres du Comité central du Parti bolchevik russe.

Sorge fut chargé de trouver « un logement digne » pour les membres de la délégation soviétique. D'ailleurs au moins deux dirigeants soviétiques avaient été logés chez lui. Mais il devint également « leur garde du corps », se muant en une sorte de guide de confiance pour la délégation russe.

Sorge n'a pas participé directement aux discussions du congrès de Francfort, mais son charme et sa personnalité brillante, indépendamment de son statut illégal indéfini, ont attiré l'attention des représentants soviétiques.

Sorge témoigna lui-même : « À la clôture du congrès, les délégués soviétiques m'ont demandé de venir cette année travailler au siège du Komintern à Moscou. Je ne pouvais pas partir immédiatement car je devais participer à plusieurs missions de renseignement immédiatement après le Congrès de Francfort, mais la proposition de la délégation du Komintern de me faire travailler dans le bureau de renseignement de cette organisation a été approuvée par la direction du parti à Berlin … »

La mission de la délégation soviétique à Francfort échoua car la majorité, élue au nouveau Comité central du Parti communiste allemand, mena une ligne critique envers les tentatives du Komintern de contrôler totalement le développement des événements en Allemagne.

La réunion de Francfort a donc démontré l'échec de la politique du Kremlin envers l'Allemagne.

L'un des principaux agents soviétiques d'Europe occidentale, Walter Krivitsky, devenu transfuge plus tard, affirma : « Quand nous avons réalisé l'échec des efforts du Komintern, nous avons dit : « Sauvons ce qui peut encore être sauvé de la révolution allemande ».

Nous avons sélectionné les meilleures personnes, formées par les renseignements du Parti communiste allemand, et nous les avons présentées au renseignement militaire soviétique – la quatrième Direction de l'Armée rouge. » Et Sorge était lié à une organisation militaire secrète du Parti communiste allemand depuis 1919...

Il fut donc logiquement invité à Moscou après le congrès de Francfort. Cette proposition faisait partie d'une large opération clandestine visant à attirer des spécialistes du renseignement du Parti communiste allemand en Union soviétique après la défaite d'octobre 1923, marquant la fin de l'illusion d'une révolution immédiate en Allemagne.

Sorge et sa femme partirent donc pour Moscou via Berlin en octobre 1924. Les époux voyageaient en tant qu'étudiants avec de véritables passeports allemands.

De nouvelles aventures les attendaient dans la capitale soviétique.

Moscou et le Komintern

Sorge a consulté sa femme au sujet de sa décision d'aller à Moscou. Après une semaine d'hésitation, elle a finalement accepté de l'accompagner. Mais la Russie lui paraissait, selon sa propre formule, « infiniment mélancolique ».

Richard et Christiane Sorge se sont installés au centre de Moscou à l'hôtel Lux, tenu par l'appareil administratif du Komintern sous stricte surveillance soviétique. Sorge y est devenu membre du Parti communiste soviétique en mars 1925 (après avoir reçu sa carte numéro 0049927).

Il s'est présenté comme un scientifique et militant du parti, membre du syndicat des enseignants. En conséquence, son adhésion au Parti communiste allemand a été automatiquement résiliée, mais cet acte ne pouvait soulever aucune question sur sa fiabilité politique. L'admission rapide de Sorge au parti bolchevique impliqua un puissant soutien de la part des hautes autorités.

Il fut alors nommé dans le département du renseignement du Komintern, appelé le département de l'information, l'un des trois principaux départements de cette organisation.

Cet organisme fut créé début 1925, mais Sorge a activement contribué à l'intensification de ses activités visant à « résoudre les problèmes particuliers des partis communistes, à collecter des données sur le mouvement ouvrier, ainsi que des informations sur les problèmes politiques et économiques dans divers pays et, si nécessaire, sur d'autres questions d'importance internationale ».

Depuis sa fondation en 1919, le Komintern avait subi à plusieurs reprises des changements administratifs. Sa structure interne, en substance, était une copie de la machine bureaucratique du parti bolchevique, construite sur le modèle soviétique.

C'était en effet une sorte de « parti mondial » avec des branches nationales – des partis communistes locaux – fondé, selon sa charte d'origine, « pour lutter pour le renversement de la domination du capital international et pour la création d'une république soviétique mondiale ».

Le premier président de l'organisation du Komintern fut un bolchevik mythique de la première heure, Grigory Zinoviev. En 1926, il a été remplacé par Nikolai Bukharine que Lénine présenta comme un de ses possibles successeurs et selon la formule du leader bolchevik, « un chouchou » du parti bolchevique.

Sorge écrivait à Moscou de temps en temps des articles pour un magazine publié par le Komintern. Au cours de l'enquête menée par la police allemande, huit articles ont été répertoriés, signés I. K. Sorge ou du pseudonyme R. Sonter, et publiés entre 1925-1929. L'une des premières brochures est parue en Allemagne sous le titre « Le plan Davis et ses conséquences », et en 1928, le livre est publié à Hambourg et Berlin sous le pseudonyme de R. Sonter. Il s'appelait : *Nouvel impérialisme allemand*. Selon des sources allemandes, Sorge dans ce contexte peut être identifié comme Sonter. Sorge lui-même, dans son premier témoignage, a assuré aux Japonais qu'il avait utilisé ce pseudonyme alors qu'il travaillait au département de l'information à Moscou. Ainsi, l'un des aspects des activités de Sorge dans cette section du Komintern était un travail journalistique et de recherche.

Sorge devint donc un apparatchik haut placé du Komintern et visitant rarement (selon les instructions de ses supérieurs) le groupe communiste allemand dans la capitale russe. L'un des dirigeants du Parti communiste allemand, Heinrich Brandler, se souvenait de lui comme d'un membre actif du club allemand – un centre public pour les Allemands. Selon les sources russes de 1925 à 1929, Sorge était engagé dans le « travail du parti » et il était président du club allemand, où il « s'opposait activement à Trotsky ».

Christiane Sorge a travaillé comme assistante sur les manuscrits Marx à l'Institut Marx-Engels. Mais elle ne s'est jamais habituée à l'ambiance soviétique, la trouvant « sombre et déprimante ». Il y avait aussi l'évolution psychologique de son mari – il semblait agité, buvait beaucoup et avait des relations avec d'autres femmes.

Christiane partageait tout son temps entre l'institut et les visites solitaires des théâtres et des musées ou la lecture de livres de la maigre bibliothèque du club allemand. Contrairement à son mari, qui n'a jamais prononcé un mot sur les vicissitudes du climat politique à Moscou, Christine était parfaitement consciente de la surveillance croissante de la police stalinienne, remarquant l'intolérance de ses interlocuteurs.

En octobre 1926, elle a finalement décidé de revenir en Allemagne, quittant son mari volage. Elle reçut son passeport allemand et Richard Sorge accompagna sa femme à la gare. Du moins, ce fut la version officielle de son départ car en Allemagne, elle travailla sans doute pour le service secret de l'armée rouge fréquentant leurs résidents clandestins. Elle recommanda plus tard Sorge à ce service quand en 1929 ce dernier vint à Berlin.

En attendant, en avril 1926, il obtint une promotion importante et entra au secrétariat du comité exécutif du Komintern, élément clé de cette organisation chargée de rédiger des instructions pour les partis communistes étrangers dans l'éventualité d'un nouveau conflit mondial et surtout analysant les conséquences de la montée du fascisme en Europe. À trois reprises au moins, il participa à des réunions du presidium en même temps que Staline qui s'imposa à l'époque comme le nouveau dictateur du Kremlin.

En février 1927, on lui ordonna de partir en mission en Scandinavie sous le nom de « Johann », l'éloignant du centre des décisions. Le 9 décembre 1927, Sorge démissionna officiellement du secrétariat de l'IKKI pour prendre un poste d'inspecteur de l'organisation, OrgInsktruktor, à plein-temps, à l'OMS, où battait le cœur des services de renseignement du Komintern. Son ancien recruteur de Francfort, Dimitri Manouilski, l'avait personnellement recommandé.

Sa tâche était « de s'engager dans des activités de renseignement concernant les partis communistes scandinaves, les économies de ces pays et les questions politiques, ainsi que tout événement important qui pourrait survenir ».

Avant de partir, entre février et mars, il a assisté à quatre brèves réunions à Moscou avec des représentants intéressés du Komintern, y compris des membres du secrétariat politique. Puis il est parti, pour Berlin, y passant un mois à faire des « recherches ». Sorge a également voyagé en Asie centrale soviétique et en Perse, renforçant son intérêt pour les affaires de l'Orient.

En attendant en 1928, Staline avait remporté la lutte pour le pouvoir et, en juillet, le Congrès mondial du Komintern se réunissait à Moscou pour la première fois depuis quatre ans. Désormais, le Kremlin ne contrôlait pas seulement la machine d'État soviétique. Le processus de « bolchevisation » des partis nationaux à l'étranger s'est également accéléré. Comme Sorge l'a écrit lui-même, « les espoirs d'une révolution mondiale à venir ont été reportés ». Staline était prêt à se consacrer à la construction du « socialisme dans un seul pays ».

Les débats au Congrès du Komintern en 1928 se concentrèrent sur la principale menace sécuritaire pesant sur l'Union soviétique en Extrême-Orient et en Asie. L'un des principaux documents adoptés par le Congrès était la résolution « Sur le moment révolutionnaire dans les colonies et semi-colonies ».

Sorge a personnellement contribué à la rédaction de ce document présenté par Boukharine.

Après la clôture du Congrès du Komintern en septembre 1928, Sorge retourna en Scandinavie et se rendit d'abord en Norvège, où « les problèmes de parti compliquèrent sérieusement le travail de renseignement en politique et en économie ». Puis en 1929, Sorge a été envoyé en mission en Angleterre.

L'histoire de l'espionnage soviétique en Grande-Bretagne dans les années 1920 est assez pittoresque.

La *lettre de Zinoviev* est un document frauduleux publié par le journal britannique *Daily Mail* quatre jours avant les élections générales britanniques de 1924. Il se présentait comme une directive par laquelle Grigori Zinoviev, le chef de l'Internationale communiste (Komintern, Moscou) ordonnait au Parti communiste de Grande-Bretagne de se livrer à toutes sortes d'activités séditieuses. Il disait que le rétablissement de relations diplomatiques entre le Royaume-Uni et l'Union soviétique par un gouvernement travailliste hâterait la radicalisation de la classe ouvrière britannique. Cette lettre, ait constitué une interférence outrageante dans la politique britannique. La lettre parut authentique à l'époque, mais selon un ouvrage de 2014, les derniers travaux historiques la considérent comme un faux. Cette lettre profita au parti conservateur, en hâtant l'effondrement du parti travailliste et en offrant une victoire écrasante aux conservateurs. L'effet le plus important de la lettre fut son effet psychologique sur les travaillistes qui, pendant des années, imputèrent leur défaite à un coup de traître, méconnaissant ainsi les forces politiques en jeu et sursoyant à des réformes nécessaires dans leur parti.

L'affaire de la *lettre de Zinoviev* et le raid de la police sur la mission commerciale soviétique en mai 1927 ont conduit à la rupture des relations diplomatiques entre l'Union soviétique et le gouvernement Baldwin. Dans ce contexte, les services de sécurité britanniques étaient particulièrement méfiants.

Sorge arriva en Angleterre au printemps 1929 et y resta une dizaine de semaines. Une partie de sa mission concernait la collecte des informations militaires. Il était conscient du danger car il risquait de passer jusqu'à douze ans en prison s'il était arrêté. Sorge était donc obligé de mener une vie isolée avec des fonds très limités, évitant la compagnie féminine. Connaissant sa passion pour les femmes, Moscou lui conseilla sans ambages : « Pensez simplement à éviter la compagnie de ces filles anglaises élancées aux longues jambes »...

Sur le chemin du retour d'Angleterre à Moscou, Sorge s'est arrêté à Berlin, où il a passé quelques semaines dans l'isolement et la dépression. Depuis 1927, des changements significatifs s'étaient produits à Moscou : il restait très peu de non-Russes dans les bureaux du Komintern. Le président de cette organisation, Boukharine, dont Sorge était très proche, fut marginalisé.

Selon sa formule, Boukharine était « trop occupé » par « les affaires russes » bien qu'il s'opposât à la russification du Komintern.

Sorge savait que ses rapports envoyés à Moscou via le service de messagerie de Berlin avaient été ignorés et restaient non lus. Il arriva à Berlin désemparé, sans fonds et stressé par les dangers du travail illégal. Lors d'une conversation, il aurait même explosé : « Ces porcs ! Comme je les déteste !... »

Des militants du Parti communiste allemand avaient en effet eu l'impression qu'il était "kaltgestellt" – un terme d'argot utilisé pour les membres du parti qui vivaient à mi-chemin entre les missions ponctuelles et le chômage. Mais Sorge avait été profondément marqué par la réalité brutale de l'espionnage soviétique. Il a vécu une grave crise psychologique, se sentant victime de forces invisibles impitoyables qui combattaient sur la scène politique de Moscou. Il est probable qu'une sorte de fissure se soit produite dans la vie de Sorge après son retour à Moscou en mai ou juin 1929.

Selon son témoignage : « Au cours d'interrogatoires menés par le procureur Yoshikawa, j'ai à peine réussi à décrire ces mouvements complexes affectant mes supérieurs immédiats à Moscou. J'ai détaillé ici que jusqu'en 1929, le Komintern était mon « patron » de Moscou (c'est-à-dire le Centre) et qu'après 1929 ma « chaîne de commandement » a subi des changements fondamentaux déterminés par l'évolution de la situation dans le monde. »

Consciemment, Sorge restait vague sur la date de son retour à Moscou, entre mai et juin 1929, afin de camoufler un lien entre le changement de sa propre situation et la démission de son protecteur Boukharine du poste du Komintern en novembre, suivie du dysfonctionnement de l'internationale communiste.

Mais pendant l'interrogatoire à Tokyo, il a lucidement reconnu : « Le Komintern ne s'intéressait plus aux informations politiques reçues de ma part ».

Cependant, tout au long de l'enquête japonaise, Sorge a réussi avec une habileté extraordinaire à cacher la véritable nature de ses missions secrètes commencées dans l'atmosphère euphorique des rencontres communistes de 1924 à Francfort.

Sa propre explication se caractérise non seulement par des lacunes d'information soigneusement réfléchies, mais aussi par la mise en valeur de son propre rôle. Il est probable que Sorge, songeant déjà à sa probable condamnation à mort, voulait laisser un message caché à l'attention des futures générations.

« À mon retour à Moscou, j'ai présenté au Bureau d'information du Komintern non seulement le rapport habituel, mais aussi une analyse assez franche des problèmes surgis pendant mes voyages, compliquant la collecte d'informations et l'étude des pays visités.

« L'essence de ces propositions concernait la séparation du bureau d'information et des organisations d'espionnage liées aux problèmes politiques, économiques et non militaires ».

Sorge avait proposé de tels changements « parce qu'il était sûr que l'espionnage lui convenait plus car les missions du renseignement étaient impossibles dans la structure étroite des activités du parti... »

« Mon caractère, mes goûts et mes préférences persistantes – tout a conduit à des renseignements politiques, économiques et militaires... »

Sorge poursuit : « En réalité, il y a eu un déplacement du centre de gravité, du Komintern à l'Union soviétique. Mon supérieur direct, Pyatnitsky, a convenu que je n'étais peut-être pas apte au travail dans le parti, car la révolution mondiale n'était qu'une illusion et que nous devrions nous concentrer sur la défense de l'Union soviétique. C'est pourquoi j'ai quitté le Komintern ».

Le chef du Bureau d'organisation et de toutes ses sections auxiliaires, Osip Pyatnitsky, était en effet un apparatchik très influent et une figure centrale des organisations du Komintern.

Dans les années 1920, les fonctions du Komintern se sont considérablement élargies, mais se sont révélées assez vagues et ambiguës, tout comme ses relations avec les autorités de l'État soviétique. À vrai dire, tout dépendait ici de la personnalité, de l'énergie et de l'ambition des individus. Cependant les sections du Komintern demeuraient en contact étroit avec les services secrets soviétiques.

Indépendamment des motifs, le transfert de Sorge aux services de renseignement de l'Armée rouge aurait été incontestablement initié par ses chefs du Komintern (à l'époque, l'influence de Piatnitski fut portée au pinacle car il allait superviser les services secrets soviétiques au nom du comité central du parti bolchevique).

Cependant, selon la Gestapo, « des sources fiables » ont confirmé que « Sorge fut en opposition implacable à Staline et qu'il a travaillé de 1925 à 1929 en tant que secrétaire personnel du principal représentant soviétique de l'opposition communiste en Russie, Boukharine... ».

La Gestapo a aussi rapporté qu'il a exercé certaines fonctions dans le parti communiste soviétique, mais en a été libéré à la suite d'un différend avec le groupe de Boukharine dans le Komintern.

« Il est probable que le Dr Richard Sorge a opéré sous deux pseudonymes, d'autant plus qu'il le reconnaissait lui-même lorsqu'il travaillait au Département de l'information… »

Voici le maigre résultat d'une enquête faite par la police allemande concernant la période moscovite de Sorge, mais il contient un élément important, à savoir que Sorge a pu être politiquement lié à Boukharine et à l'opposition. En effet, Sorge lui-même s'est décrit à une occasion seulement : « quelque chose comme le secrétaire personnel de Boukharine ». Il a eu « des différends sur des questions politiques avec Trotsky, Zinoviev et Kamenev, qui ont rompu de manière décisive avec le Komintern à ce moment-là ».

Cette représentation de Trotsky – il a déjà perdu la bataille contre Staline pour le pouvoir suprême – révèle la nature des relations politiques entre Boukharine et Sorge.

Il est incontestable que le départ de Sorge de son poste au Komintern a coïncidé avec le renvoi de Boukharine du poste de président du Comité exécutif du Komintern en juillet 1929, suivi par sa disgrâce finale et son expulsion du Politburo en novembre de cette année.

Sorge cachait soigneusement cependant les traces de cette crise dans sa vie. Il ne fournit aucune explication personnelle pour sa transition « volontaire », et une seule phrase significative fait allusion à la tension au Kremlin après la victoire de Staline.

Sorge parla aussi des nombreux étrangers à Moscou qui travaillaient auparavant dans le Komintern qui sont partis (comme lui) vers l'appareil soviétique. Beaucoup de ces étrangers croyaient maintenant que « le Komintern a perdu son importance et sa nécessité ». Le Parti communiste russe, avec l'aide du Komintern, « a accompli avec succès sa tâche principale – la création d'un État socialiste ». Selon Sorge la vague de la révolution mondiale a commencé à s'estomper « déjà en

1928-1929, surtout en Chine». Le mouvement ouvrier international est donc passé à la défensive.

La tâche vitale était désormais de défendre le processus de construction du socialisme en Union soviétique. Selon la formule Sorge, « le trotskisme, inapplicable à aucun but pratique, a été rétrogradé au rang de sujet vide pour les conversations d'intellectuels. »

Une telle analyse du climat politique à Moscou en 1928-1929 aurait bien pu être dictée par la politique de Staline envers les membres de l'opposition russe.

Pourquoi Sorge a-t-il réagi de cette manière ? A-t-il inventé dans la prison japonaise sa croyance en Staline dans l'espoir illusoire d'être échangé après son arrestation à Tokyo en 1940 ?

En tout cas l'intermède du Komintern a disparu de son témoignage, et Richard Sorge n'est sorti du crépuscule de Moscou qu'en ce fatidique jour de 1929, pour se retrouver immédiatement dans le bureau du général Jan Berzin, le chef omnipotent de la 4e Direction de l'Armée rouge.

Le « cas » de Sorge a donc été examiné dans le bureau de Berzin en 1929, grâce à l'intervention personnelle de Pyatnitsky, dans le cadre d'une procédure bien connue au moment de crises politiques et de troubles de la machine soviétique.

Ce général volontaire apprécia Sorge et détecta chez lui une aptitude peu commune au travail d'espion.

En tout cas, en 1929 après une formation technique soigneusement planifiée, Sorge devait recevoir une affectation et partir pour une nouvelle mission particulièrement difficile, sous le contrôle direct de la 4e Direction, en Chine.

Cette mission devait faire en réalité partie d'une opération de reconnaissance à grande échelle en Extrême-Orient.

La mission en Chine

Après la décision du Kremlin de transférer l'effort principal des services de renseignement de l'Europe vers l'Extrême-Orient, la nouvelle mission de Sorge s'inscrivait comme un épisode de cette opération d'envergure.

Ce dernier lui-même semble avoir considéré sa mission chinoise avec soulagement et intérêt. Il n'y avait que « quelques observateurs politiques » qui se rendaient compte de l'importance du développement des événements en Extrême-Orient, et « il y avait très peu de personnes qui pouvaient vraiment s'adapter à ces conditions ».

« Lors de ma première rencontre avec le général Berzin, notre conversation s'est principalement concentrée sur la manière dont la 4e Direction, en tant qu'organisation militaire, pouvait être liée à l'espionnage politique, puisque Berzin savait que je m'intéressais à ce type de travail. Et après plusieurs rencontres avec Berzin, j'ai finalement obtenu une affectation en

Chine. » Alors Sorge a reçu un document officiel le déchargeant formellement de toute fonction associée au Komintern. Il restait néanmoins membre du Parti bolchevique et il continuait de payer des cotisations, mais ses contacts avec la cellule du parti de Moscou ont cessé.

Le général Jan Berzin, chef de la 4e Direction, était une figure légendaire de la révolution russe. Son ascension était l'exemple type de nombreux officiers supérieurs de l'Armée rouge. Son vrai nom était Peter Kuuzis, il était le fils d'un pauvre paysan letton. Né en 1890, il a commencé sa vie comme ouvrier agricole. Après avoir été diplômé du séminaire, il devint militant dans les rangs du Parti social-démocrate. Le jeune homme a été arrêté par la police tsariste et fut même condamné à mort. À cause de son jeune âge, il a été gracié et envoyé en prison pendant deux ans. Berzin est devenu autodidacte après sa libération et il a suivi un cours d'économie politique à Riga. Depuis le début de la révolution de février 1917, une certaine dualité caractérise ses activités politiques et militaires. En octobre 1917, il fut membre de l'organisation de Petrograd du parti bolchevique, puis, jusqu'au printemps 1919, vice-ministre des Affaires étrangères de la Lettonie soviétique.

Quelque temps plus tard, Berzin est devenu le commissaire politique en chef d'une autre unité de l'Armée rouge, où il fit carrière : les services de sécurité soviétiques.

En novembre 1920, il devint chef du renseignement militaire de l'Armée rouge, connu sous le nom de 4e Direction.

Berzin était un personnage d'exception, maître reconnu des opérations secrètes ayant une expérience personnelle du travail clandestin à l'étranger. Il avait un dossier complet sur Sorge, commencé lorsque ce dernier était en Allemagne et, bien sûr, enrichi depuis son arrivée à Moscou. L'expérience de Sorge en tant que journaliste présenta un intérêt particulier pour la 4e Direction qui cherchait une couverture lors de ses missions secrètes à l'étranger. Son expérience militaire indéniable et variée a sans doute été plus importante encore.

La mission de Sorge a finalement pris forme après une série de briefings. Tous les liens avec le passé récent ont évidemment été rompus. Il a reçu un nouveau nom de code, Ramsay. Dans sa confession, Sorge attache une grande importance à cette instruction préliminaire digne des romans d'espionnage.

Mais donnons la parole à Sorge lui-même :

« J'ai commencé à mener des opérations de reconnaissance dans des maisons appartenant à la 4e Direction situées dans différentes zones de la capitale soviétique ». Puis il s'installa à l'hôtel New Europe, et Berzin lui-même ou ses assistants lui rendirent visite secrètement. Une série de réunions ont également eu lieu avec des responsables clés du Komintern, des représentants d'« autres organisations communistes » et du Parti bolchevique soviétique et son Comité central, ainsi qu'avec des responsables du renseignement militaire. « Une fois, deux membres du Commissariat du peuple soviétique aux affaires étrangères ont assisté à des réunions pour discuter des aspects politiques de mon travail de renseignement. »

Il a donc été formé surtout par les fonctionnaires de la section Extrême-Orient du renseignement militaire. Le général Berzin lui-même l'a conseillé sur d'autres questions liées aux détails de sa mission.

Le dernier briefing de Sorge comprenait une réunion avec la section politique et avec la section du chiffre de la 4e Direction afin d'harmoniser ses principales directives et les détails techniques du maintien de la communication avec Moscou. Les événements ultérieurs ont montré que Sorge, bien que n'étant pas un spécialiste radio, a néanmoins reçu une formation suffisante dans le domaine des codes et du chiffrage.

Dans ses « aveux » à la police japonaise, Sorge n'a prudemment mentionné les noms d'aucun officier, à l'exception du général Berzin. Cependant, dans les archives apparaît le nom de Borovich qui travaillait dans la section Extrême-Orient de la 4e Direction. Il était responsable de l'Extrême-Orient et officier traitant de Sorge. Communiste-léniniste convaincu, il a servi comme commissaire politique pendant la guerre civile. Borovich fut engagé dans les services secrets soviétiques par l'intermédiaire de l'appareil militaire du Parti communiste polonais.

Selon Sorge, il a dû, pendant sa mission, se concentrer sur l'analyse des structures sociales et politiques à partir « des sources proches du gouvernement de Nanjing ». C'était une tâche urgente car à l'époque, le réseau de contacts et d'agents soviétiques s'était complètement effondré et la mission de Sorge faisait partie d'un vaste plan général pour rétablir les sources perdues en Chine. Les Soviétiques n'avaient pas non plus de lien avec l'Armée rouge chinoise ni avec les régions de l'arrière-pays sous contrôle communiste. L'extermination des communistes chinois et des dirigeants syndicaux dans les villes côtières, en particulier à Shanghai et à Canton après la défaite de 1927, a drastiquement réduit ces contacts. En avril 1929, tous les consulats soviétiques en Mandchourie furent fermés et les relations diplomatiques entre Nanjing et Moscou rompues.

Il ne restait plus qu'à trouver une « couverture journalistique fiable en Allemagne », minutieusement mise en forme à Moscou. Sorge quitta donc l'Union soviétique avec son passeport original délivré à son vrai nom par le gouvernement allemand.

Dans la colonne "profession" du passeport figurait la mention : « journaliste ». En novembre 1929, Sorge prit le train Moscou – Berlin : ainsi commença la première étape de son long voyage vers l'Extrême-Orient.

À Berlin, il signa deux contrats qui lui fournirent une couverture impeccable comme journaliste indépendant. Un accord a aussi été conclu avec une maison d'édition publiant une revue sociologique. Un autre contrat fut établi avec le journal agricole *Getreide Zeitung*: Sorge prévoyait d'étudier l'agriculture chinoise puis de proposer des articles à un journal agricole, avec le projet de les utiliser ensuite pour un livre.

Par l'intermédiaire du rédacteur en chef de ce journal, Dr Justus Schloss, un ami de Felix Weil, le patron de l'Institut de recherche sociale de Francfort où Sorge avait travaillé en 1924, il reçut une lettre de recommandation du service de presse du ministère allemand des Affaires étrangères à l'attention du consul général d'Allemagne à Shanghai.

Sorge quitta Berlin via Paris et Marseille où il monta à bord d'un navire japonais à destination de Shanghai. Le 10 janvier 1930, deux citoyens allemands sont donc arrivés à Shanghai sur un navire japonais. Ils voyageaient avec de véritables passeports allemands délivrés à leur vrai nom. Il s'agissait du Dr Richard Sorge et de son opérateur radio, M. Weingarten. Leur arrivée a immédiatement été connue de la police de la ville de Shanghai, qui n'a cependant pas immédiatement appris l'existence d'une troisième personne, à la tête du groupe.

"Alex", alias Oulanovski, le doyen du groupe, devait reprendre les affaires des hommes de l'Armée rouge opérant à Shanghai et, avec l'aide de Weingarten, un spécialiste de la radio, rétablir les communications radio régulières avec la Russie, qui avaient été récemment interrompues. Et si la police de Shanghai a assez rapidement classé Sorge et Weingarten parmi les agents soviétiques probables, les véritables tâches de la mission chinoise de la 4e Direction n'ont jamais été divulguées à l'époque.

La ville de Shanghai est le principal port desservant la vallée du fleuve Yangtze et le centre industriel de la Chine. En 1930, la cité a été divisée en une ville chinoise proprement dite et « le sottement international, » régi comme une enclave extraterritoriale par le conseil municipal élu par les États-Unis, la Grande-Bretagne, La France et le Japon.

C'était une ville de contrastes saisissants placée sous la juridiction mixte. Une grande partie du commerce extérieur de la Chine passait par le port de Shanghai, devenu le vrai centre des investissements étrangers du pays.. À côté de la communauté étrangère, les marchands chinois, les banquiers, les dockers ou des ouvriers d'usine, et tout un monde pittoresque d'expatriés et de travailleurs clandestins, trouvèrent un refuge dans l'enclave internationale. Environ vingt-cinq mille Russes s'y sont installés après la révolution bolchevique de 1917, faisant des petits boulots et vivant dans de petits ateliers, des restaurants ou des salles de bal. Cet univers particulier a bien entendu accueilli de nombreux agents secrets de tous les principaux États du monde. Sorge s'y sent comme un poisson dans l'eau. Il fréquente les grands hôtels et les meilleurs restaurants et boit sec. Il multiplie les conquêtes féminines. Depuis longtemps, Sorge a décrété que le communisme, c'était l'amour libre. Mais sa véritable mission consiste à informer Moscou sur la situation politique intérieure du pays. De fait, Tchang Kaï-chek semble avoir vaincu les communistes de Mao, mais la situation est loin d'être stable.

Dans les années 1920, Shanghai a également attiré les communistes, qui firent de la ville le centre de leur activité secrète abritant le siège du Comité central clandestin du Parti communiste chinois. Après l'échec d'une révolution en Occident, Shanghai est devenue aussi une cité à la mode, attirant des personnalités progressistes d'Europe et des États-Unis, envahis par l'espoir du triomphe de la future révolution en Asie.

À côté des journalistes et des artistes indépendants, des hommes d'affaires, des marchands d'armes, des aventuriers militaires, des agents secrets professionnels formés à Moscou sont également venus à Shanghai. Leur tâche consistait désormais à former des cadres pour la révolution chinoise.

Pendant ses six mois en Chine, Sorge a été engagé dans des travaux préparatoires pour organiser un groupe d'espionnage basé à Shanghai, cherchant à étendre ses activités dans toute la Chine centrale.

Il a d'abord rendu visite au consulat général d'Allemagne à Shanghai le 17 janvier, juste une semaine après son arrivée en Chine. Il y a été très bien accueilli et a reçu plusieurs introductions auprès d'hommes d'affaires allemands de premier plan à Shanghai, ainsi qu'auprès d'autres autorités consulaires en Chine.

Dans un rapport ultérieur, le fonctionnaire du consulat a souligné qu'il a donné des lettres de recommandation à deux sociétés allemandes, Dyestuffs et Nitrogen, les présentant comme les meilleures sources pour obtenir de la documentation sur l'agriculture chinoise.

Cependant, le consulat allemand ne savait presque rien des activités de Sorge, sauf peut-être qu'il a entrepris un long voyage à travers la Chine. Il y avait aussi de vagues rumeurs concernant ses liens avec la gauche chinoise. Son attitude semblait cependant tout à fait naturelle dans le contexte de ses relations professionnelles journalistiques, puisque Sorge n'a fait aucune tentative particulière pour cacher ses convictions de gauche dans ses conversations avec des Allemands vivant en Chine.

Sorge occupait une chambre meublée dans l'une des modestes pensions de famille. Il menait une vie paisible, plutôt solitaire. L'annuaire des Allemands vivant en Extrême-Orient indiquait son adresse : Dr Richard Sorge, PO 1062, Shanghai. Sorge indiqua cette adresse quand il expédia une carte postale en Allemagne à l'un de ses amis d'enfance.

Au début, ses principales sources d'information étaient des collègues journalistes, ainsi que des hommes d'affaires allemands, en particulier des marchands d'armes.

Le 9 mai 1930, toujours selon les archives de la police municipale de Shanghai, Sorge partit pour Canton, où il resta six mois. Pendant tout ce temps, il a vécu dans les trois-pièces meublées louées par une femme danoise.

De Canton, il a fait de nombreux « voyages de recherche » dans les régions du sud du pays, et a également établi selon ses habitudes de nombreux contacts dans la ville. Ayant visité le consulat allemand, il a eu l'occasion de pénétrer dans l'environnement de la communauté germanique.

Canton était le deuxième plus grand port du pays après Shanghai, et sa proximité avec la colonie de la Couronne britannique – Hong Kong – rendait la ville particulièrement utile pour l'espionnage. On pouvait aussi analyser les activités des seigneurs de guerre rivaux dans les provinces du sud de la Chine et leurs relations avec le régime de Chiang Kai-shek à Nanjing.

Au cours de ces premiers mois, la réputation professionnelle journalistique de Sorge est devenue incontestable. Cependant, à la mi-novembre, Moscou lui a indiqué que sa présence à Shanghai était nécessaire : la première période de « son apprentissage » était donc terminée. Il recommença à fréquenter assidûment des bars de Shanghai consommant du whisky d'importation et échangeant des histoires de guerre avec ses nouveaux amis allemands dans les salons des clubs les plus huppés de la ville. Le patron de ses activités d'espionnage soviétique à Shanghai, Oulanovski, envoya un rapport à Moscou, annonçant que l'« agent Ramsay » – le nom de code de Sorge – avait réussi « une excellente intégration dans les hautes sphères de la colonie allemande ».

Mais à Shanghai, Sorge était surtout préoccupé par les problèmes techniques. Son nouvel opérateur radio attitré Max Clausen venait d'arriver à Shanghai séparément du reste du groupe. Il allait jouer un rôle important dans cette saga d'espionnage.

La carrière antérieure de Max Clausen peut servir d'exemple classique du recrutement des agents sélectionnés par l'intermédiaire du Komintern pour le renseignement militaire et politique soviétique.

Il était le fils d'un pauvre commerçant allemand d'une île au large du Schleswig-Holstein. En 1917, Max a été engagé dans l'armée allemande où il a reçu une formation spéciale de radio télégraphe. Comme Sorge, il fut très traumatisé par son expérience de la Première Guerre mondiale. Après avoir été transféré à la réserve, il rejoint en 1919 l'Union internationale des gens de la mer, qui faisait partie du système de la communication communiste. En août 1927, il intègre l'organisation navale du Parti communiste allemand à Hambourg.

Le secrétaire de cette organisation était Karl Lesse, une personnalité de haut rang de l'appareil du Komintern.

Ce dernier demande alors à Max, devenu un militant passionné, s'il aimerait aller à Moscou pour mettre en valeur son expérience antérieure dans les communications radio. Clausen a accepté l'offre sans hésitation. Il a quitté Berlin avec un billet de première classe en poche et un roman de Thomas Mann dans ses bagages. Seule consigne : « Votre destination est dans ce livre ». Une simple lettre codée à l'intérieur du livre lui indiquait une adresse à Moscou.

À son arrivée, Clausen a été directement conduit au bureau de la 4e Direction de l'état-major général de l'Armée rouge où il a été recruté par le renseignement militaire soviétique.

Après plusieurs mois d'entraînement intensif à l'école de radio de l'Armée rouge, Clausen a été envoyé à Shanghai comme opérateur radio attitré de Sorge.

L'organisation de sa première mission de contact rappelle les récits romanesques d'espionnage. À Moscou, on a montré à Max une photographie d'un homme qui l'attendrait tous les mardis à cinq heures du soir à l'hôtel Palace de Shanghai. Dans sa main gauche, il devra tenir le numéro du *Shanghai Times*, et dans sa droite, une pipe. Un bref échange de salutations était également envisagé…

Quelques jours après son arrivée, Clausen acheta un atelier de réparation automobile comme couverture pour ses activités d'opérateur radio.

Il loua également un appartement d'une pièce au premier étage d'une maison dans le quartier bourgeois de Honkey. Cependant, il lui était difficile de diffuser sans antenne externe, et après une petite enquête, Clausen découvrit qu'une dame finlandaise vivait dans le grenier au-dessus de lui. Il lui proposa d'changer leurs appartements, mais elle refusa. Sorge proposa alors à Clausen de payer la différence du loyer entre ces deux appartements et finalement, la voisine accepta l'échange. Mais bientôt, Clausen et sa voisine commencèrent à se rencontrer régulièrement…

Cette voisine finlandaise se nommait Anna Wallenius. Elle avait fui la Russie soviétique après la révolution de 1917, s'installant avec son mari à Shanghai. Mais ce dernier était mort en 1927 et au moment où elle rencontra Clausen, Anna gagnait difficilement sa vie en travaillant comme couturière et infirmière à temps partiel.

La solitude a rapproché Anna de son joyeux voisin. À cette époque, bien sûr, elle ne savait rien des activités clandestines de Clausen. Mais l'amour a ses propres lois, et bientôt ce dernier devait en informer Sorge.

Un soir, Clausen invita Anna à la salle de bal, où il la présenta à Sorge. Max affirma que Sorge le mit en garde ainsi : « C'est bon, tu peux l'épouser, mais fais attention à notre travail secret. Si votre mariage menace notre sécurité, vous serez rappelés à Moscou ».

Max et Anna se sont donc installés ensemble dans son appartement d'origine au grenier. Au début, toutes les tentatives pour restaurer le groupe d'espionnage à Shanghai progressaient très lentement.

Le chef formel du Groupe « Alex » opérait sous la couverture d'un agent d'une des firmes d'armement tchèques. Alex alias Oulanovki avait été un révolutionnaire clandestin avant 1917 et même compagnon d'exil de Staline avant de devenir un agent secret soviétique pitoyable à l'origine de nombreux échecs des services de renseignement du Kremlin. Le plus cuisant échec subi par les services de renseignement soviétiques n'était nullement lié à la Gestapo ou à la CIA, mais à la modeste police danoise. Dans l'histoire, il est connu à cause de la « réunion des résidents ». La cause du fiasco a été la négligence des agents soviétiques concernant l'ordre de Moscou de ne recruter sous aucun prétexte des communistes danois. Quoique fidèles à l'Union soviétique, ces derniers représentaient néanmoins un danger considérable, car ils étaient constamment surveillés par les forces de l'ordre. C'est la surveillance des communistes locaux qui a conduit la police de Copenhague jusqu'au chef de l'antenne soviétique illégale au Danemark, Alexander Oulanovski. Le 20 février 1935, un raid fut lancé contre son appartement alors qu'il était en pleine réunion avec des collègues. Trois officiers du renseignement soviétiques, ainsi que dix agents étrangers – dont deux Américains et huit Danois – ont été arrêtés. Deux officiers du renseignement soviétique n'étaient pas du tout censés se trouver à Copenhague. Revenant d'Allemagne, ils s'étaient tout simplement arrêtés pour rendre visite à un vieil ami sur le chemin de l'URSS. À la suite de la « réunion des résidents », l'ensemble du réseau de renseignement soviétique au Danemark a été démantelé. Le pays scandinave en lui-même n'intéressait pas particulièrement l'Union soviétique mais des informations secrètes arrivaient par cette voie à Moscou. En raison des erreurs d'Oulanovski, il fallut chercher un nouveau canal pour les obtenir.

À Shanghai, Oulanovski a aussi imprudemment pris contact avec les dirigeants des nationalistes chinois et, selon Clausen, « a secrètement rencontré des gangsters et des membres du Parti communiste chinois ». Cependant, la police de Shanghai l'a évidemment vite repéré. « Alex » et sa femme furent rapidement rapatriés à Moscou. Ainsi, par la force des choses, Sorge est monté en grade dans la hiérarchie de l'espionnage du Kremlin.

Le réseau de Sorge à Shanghai

Désormais, Sorge est devenu le chef attitré du groupe de la 4e Direction à Shanghai. Cette promotion inattendue permettra à ce maître espion de montrer toute la mesure de son génie d'agent secret.

En attendant le hasard et la chance vont l'accompagner de nouveau… Parmi les journalistes européens travaillant en Chine, il y avait une figure charismatique qui attirait tous les regards: Agnès Smedley, célèbre représentante de la gauche américaine, officiellement accréditée comme correspondante du journal allemand *Frankfurter Zeitung*.

Elle était née au Colorado en 1894. Son père était ouvrier et sa mère louait des chambres meublées. Agnès n'a jamais fréquenté le lycée mais elle a pris plusieurs fois des cours en autodidacte. Elle a notamment suivi des conférences du soir à l'Université de New York, puis elle a étudié dans une école d'été en Californie. Elle a finalement quitté ses études pour un mariage qui n'a pas duré.

Après avoir soutenu la révolution chinoise de 1911, Agnès avait milité aux États-Unis pour l'indépendance de l'Inde pendant la Première Guerre mondiale. Elle bénéficiait du soutien financier de l'Allemagne puis du Komintern pour promouvoir la révolution mondiale. À la fin de la guerre, elle a poursuivi son action en rejoignant un groupe nationaliste indien opérant aux États-Unis. Agnès s'est aussi engagée pour des causes alors avant-gardistes comme les droits des femmes, le contrôle des naissances et le bien-être des enfants.

En 1918, elle a été arrêtée pour ses activités et l'année suivante, Agnès Smedley fuyait vers l'Europe comme agent de bord d'un cargo. À Dantzig, elle a quitté le navire et s'est rendue à Berlin, où elle a renoué ses liens avec les nationalistes indiens… et entamé une liaison orageuse avec l'un de leurs dirigeants.

Tout en menant ses activités, Agnès écrivait : un roman, des reportages et une biographie du général chinois Zhu De sont nés sous la plume de la militante. Elle transmettait des articles à divers journaux comme le *Manchester Guardian*, le *New York Call* et le *Frankfurter Zeitung* ainsi qu'à des périodiques.

En 1931, Agnès Smedley était à Moscou lors d'une réunion de révolutionnaires indiens. Sous sa couverture de journaliste, elle voyagea à travers l'Allemagne et en Scandinavie. En 1928, elle rompit ses relations avec son amant indien et signa un contrat avec le *Frankfurter Zeitung*, s'engageant à représenter le journal comme correspondante en Extrême-Orient. Elle a beaucoup voyagé en Chine et s'est de nouveau rendue à Moscou, pour assister au sixième congrès du Komintern, combattant sans relâche dans le monde entier pour la cause révolutionnaire. À dire vrai, elle fut comme Sorge: rebelle, chercheuse de talent, combattante, ne cessant jamais de se préparer pour des batailles à venir et devenant une sorte de symbole de cette génération.

En mai 1929, Mlle Smedley arriva à Shanghai avec un faux passeport américain et éveilla aussitôt des soupçons de la part de la police municipale. Elle fut immédiatement connue dans les cercles progressistes de la colonie européenne, ce petit monde désemparé des réfugiés politiques, des exilés qui existaient loin de la communauté d'affaires respectable: le monde des écrivains et des journalistes. Tous attendaient la Grande Révolution chinoise comme une panacée après la disparition du mirage de la révolution en Occident, notamment en Allemagne. Ces colons temporaires venaient principalement de l'Allemagne ou de l'Europe centrale, qui avait été le théâtre des récentes défaites du Komintern. Beaucoup d'entre eux étaient juifs.

Un autre groupe important en nombre venait lui des États-Unis. Ces jeunes gens perdaient leurs illusions inspirées des rêves wilsoniens de 1917 et vivaient engourdis par l'impuissance de la gauche américaine.

Tous ces personnages ont naturellement eu des contacts avec le Komintern. Agnès Smedley se sentait particulièrement à l'aise dans ce monde des expatriés, entretenant aussi des contacts privilégiés avec des représentants de la gauche chinoise.

Ce cercle est devenu l'objet d'une attention particulière pour Sorge, quand il a commencé à tisser ses propres réseaux d'informations. Il a rencontré Agnès Smedley en novembre 1930 et devint presque immédiatement son amant. Sorge a laissé entendre qu'elle avait une lettre d'introduction du journal *Francfort Zeitung*. Cependant, il est possible qu'ils se soient déjà rencontrés à Francfort ou à Berlin en 1928 ou même à Moscou en cette année 1930.

Fidèle à ses habitudes de « brouilleur des pistes professionnel », Sorge a pris soin de ne pas donner de détails sur cet épisode. « J'ai entendu parler d'elle en Europe », a-t-il déclaré plus tard d'une manière vague à un enquêteur japonais.

Dans ses « aveux », il a simplement mentionné : « Je savais que je pourrais être « accro » à elle. Je lui ai demandé de l'aide pour organiser mon groupe à Shanghai et surtout, pour recruter des collaborateurs chinois. J'ai rencontré tous ses amis chinois… qui ont volontairement accepté de coopérer et de travailler pour la cause de la gauche ».

Leur relation dépassa rapidement le stade de la franche camaraderie. Mais d'où a pu venir l'attirance de Sorge pour cette femme de six ans son aînée, petite et tout en muscles, avec des cheveux coupés très court, qui ne ressemblait absolument pas à son type de femmes ?

Ursula Kuczynski, qui deviendrait plus tard la future rivale d'Agnès en amour, la décrivait comme « une travailleuse intelligente en apparence, pas du tout jolie, mais avec un visage aux traits équilibrés. Lorsqu'elle rejette ses cheveux en arrière, on voit son grand front bombé ». Plus tard, Sorge la décrira comme « une femme masculine ».

Mais en attendant, Mlle Smedley a incontestablement joué un rôle majeur auprès de Sorge pour former un petit groupe d'« aides » chinois soigneusement choisis. Interrogé avec insistance, Sorge resta encore une fois très vague à propos des détails précis. Il a notamment déclaré à un enquêteur japonais, avec son flou artistique légendaire : « Il est très difficile de se souvenir des noms chinois et de nombreuses années se sont écoulées depuis... » Mais il y avait aussi une raison beaucoup plus réaliste à cette attitude ambiguë : le bras long de la police japonaise pourrait facilement atteindre la Chine occupée. Sorge tentait alors de protéger ses anciens agents.

Il est cependant incontestable qu'à l'époque, il était en contact étroit avec une figure emblématique de la Chine révolutionnaire, futur inamovible premier ministre de la République populaire de Chine : Chou En-lai.

Ce dernier aurait d'ailleurs fourni à Sorge de nombreux agents. Car au total, ce dernier a enrôlé en Chine un groupe extraordinaire de plus de cent cinquante agents, à majorité chinoise mais avec aussi des Américains, des Allemands, des Français et même huit Japonais. La majorité de ces personnes ne recevait pas d'argent et coopérait avec Sorge « sur une base idéologique », séduites par cette personnalité charismatique !

C'est à cette époque qu'Agnès se lia d'amitié avec une autre allemande, Ursula Maria Hamburger, née Kuczynski qui devint plus tard un éminent agent secret soviétique. Cette jolie Berlinoise de vingt-trois ans, une brune à la silhouette élancée, issue d'une famille réputée de gauche, avait travaillé auparavant comme responsable de l'agit-prop pour le Parti communiste allemand.

Mariée à un célèbre architecte elle a suivi son époux en Chine. Bien qu'elle fût une toute jeune maman, ou peut-être précisément à cause de cela, elle était extrêmement séduite par le côté dangereux et glamour de la vie secrète qui la sortait des biberons et des couches pour la propulser dans le vaste monde des initiatives périlleuses et des grands idéaux.

Sorge incarnait cet esprit révolutionnaire et l'idylle romantique devint inévitable. Elle raconta plus tard en 1958 dans ses *Mémoires* devenues un succès de librairie : « Au tout début du printemps, alors que j'étais maman d'un petit garçon de deux mois, Richard me demanda si j'avais envie de faire un tour en moto derrière lui. C'était la première fois de ma vie que je me retrouvais sur une moto…

L'extase ! Je lui criai d'aller plus vite. Il poussa l'engin autant qu'il le pouvait. Lorsque nous nous arrêtâmes, j'eus l'impression d'avoir vécu une seconde naissance !

Peut-être avait-il voulu tester ma bravoure et mon endurance… » Cependant, l'attirance de Sorge pour tout ce qui était physiquement dangereux se mua en une témérité quasi suicidaire. Une fois, descendant à toute vitesse la rue de Nankin à moto, il perdit le contrôle de sa machine et se cassa de nouveau la jambe droite.

En réalité, les femmes – Agnès Smedley, Ursula et au moins deux autres Chinoises recrutées grâce à Agnès, ainsi que des dizaines d'autres femmes connues pendant sa carrière à Tokyo – jouèrent un rôle essentiel pour Sorge dans la collecte de renseignements.

À l'automne 1930, le cercle des informateurs de Sorge fut rejoint par un autre collaborateur très important. Son enrôlement révélait les méthodes cachées du renseignement communiste en Chine. Sorge chercha en effet à recevoir régulièrement des informations fiables sur la politique japonaise en Chine, ainsi que des documents secrets sur les positions du Japon en Extrême-Orient. Le maître espion s'est ainsi tourné encore une fois vers Agnès Smedley. Quelques mois plus tôt, elle avait rencontré un grand journaliste japonais nommé Ozaki Hotsumi, correspondant chinois du principal journal japonais *Asahi d'Osaka*. Une certaine Mme Irene Weidmeyer, propriétaire de la librairie Zeitgeist de Suchow Creek, les avait présentés l'un à l'autre.

Ce magasin vendait de la littérature de gauche et des publications politiques, mais en fait c'était l'un des avant-postes locaux du syndicat mondial de l'édition du Komintern. La boutique servait non seulement de lieu de rencontre pour les sympathisants européens et asiatiques de la cause « de la révolution », mais aussi de maillon technique dans la chaîne de communication. Sa propriétaire, Mme Weidmeyer, était une Allemande qui avait épousé un jeune étudiant chinois. Alors qu'elle étudiait elle aussi à Berlin, elle est partie avec lui pour Moscou en 1924. On lui a donc ordonné d'ouvrir une librairie à Shanghai, à la fois à des fins juridico-culturelles mais aussi dans la perspective de fournir une adresse sécurisée pour les contacts personnels, ainsi qu'un dépôt secret de courrier et de documents.

Mlle Smedley considéra ce contact avec ce spécialiste japonais chevronné des affaires chinoises comme particulièrement précieux.

Ozaki Hotsumi était un fils du journaliste de renom de Tokyo qui, au moment de la naissance de son fils en mai 1901, travaillait comme directeur de la rédaction d'un journal à Taihoki (Taipeh) sur Formose, une île chinoise transformée en colonie japonaise. Alors qu'il était encore écolier, le jeune Ozaki était entré en contact avec des militants communistes.

Les arrestations des premiers dirigeants du Parti communiste japonais en 1923 l'ont profondément bouleversé et il s'impliqua activement dans les travaux d'un groupe d'étude du marxisme à l'Université impériale de Tokyo, y obtenant sa maîtrise en 1925. Ozaki rejoignit alors un prestigieux journal de Tokyo *Asahi Shimbun*. L'atmosphère éditoriale, avec son conservatisme prudent, y était assez décevante, contrastant avec le débat passionné du groupe d'études universitaire.

Dans le contexte des événements révolutionnaires en Chine en 1927, Ozaki a été affecté à la section chinoise de son journal, et en novembre de l'année suivante, il a été envoyé à Shanghai comme envoyé spécial. Cette nomination officielle lui a donné une grande liberté personnelle.

Les liens entre Ozaki et Agnès Smedley se sont renforcés au fil des jours par un échange constant d'informations. Leurs analyses des nombreux événements mondiaux étaient généralement proches voire identiques. Ils se réunissaient habituellement dans le hall du Palace Hotel ou dans leurs appartements respectifs. Ozaki lui donnait des nouvelles sur les activités du gouvernement de Chiang Kai-shek à Nanjing, ainsi que sur la situation au Japon.

Jusqu'où ces contacts sont-ils allés ? Est-ce qu'ils ont déjà franchi les limites des échanges entre journalistes professionnels ? À dire vrai, Ozaki était séduit par la perspective de devenir un membre « d'une grande compagnie de missionnaires dévoués à une grande cause révolutionnaire ».

Mais en novembre 1930, une rencontre inattendue brusqua les choses : un Japonais vivant en Chine, nommé Kito Ginichi, est apparu au bureau d'Ozaki en déclarant qu'il venait d'arriver des États-Unis via l'Indochine.

Au début Ozaki, se méfiait de ce personnage craignant une provocation de la police.

En réalité il s'agissait d'un agent chevronné du Komintern, lié à la section japonaise du Parti communiste américain. Quito a suggéré à Ozaki de le présenter au « brillant reporter américain » nommé Johnson.

Ozaki décida alors de consulter Mlle Smedley. Elle fut d'abord, elle aussi, perturbée par cette sollicitation et demanda à Ozaki s'il avait parlé à quelqu'un de cette proposition.

Elle avait entendu parler de Johnson, mais il lui avait expressément demandé de ne jamais mentionner son nom.

Sorge semblait avoir également des raisons de se montrer prudent à propos de Quito, précisant qu'à

« Moscou on m'a interdit de traiter avec des personnes connues comme Quito ».

« Je suppose que Smedley – qui avait une sorte de lien direct ou indirect avec Quito – lui avait transmis mon désir de trouver un Japonais digne de confiance. »

Quelques jours plus tard, Mlle Smedley informa Ozaki que Johnson était en effet un « homme bien » et elle lui a présenté elle-même Ozaki dans un restaurant chinois sur Nanjing Road. L'atmosphère de cette rencontre se caractérisa par une spontanéité et une extraordinaire confiance mutuelle. À la fin de la conversation, « Johnson » demanda à Ozaki de lui fournir des détails sur la situation intérieure en Chine et la politique japonaise envers divers groupes politiques.

Ce « Johnson » n'était autre que Richard Sorge dont le vrai nom est resté inconnu d'Ozaki pendant plusieurs années, bien que les deux se soient ensuite rencontrés au moins une fois par mois dans l'appartement de Miss Smedley ou dans des restaurants chinois en dehors de la ville.

Sorge a ainsi trouvé son collaborateur le plus précieux, « son premier et son plus important assistant », selon sa formule.

Depuis son arrivée à Shanghai, Ozaki s'était effectivement très bien introduit dans des cercles chinois liés au Parti communiste. Il avait même assisté aux réunions des groupes consultatifs politiques en présence de cinq ou six membres du comité central du Parti communiste chinois et leur avait donné des conférences sur la politique internationale.

Bien qu'il ne fût pas officiellement membre du Parti communiste chinois, Ozaki a néanmoins passé la plupart de son temps à travailler pour cette organisation et ses groupes proches.

L'intérêt des dirigeants communistes chinois pour les affaires japonaises s'est particulièrement concentré autour *d'East Asian School of Directing*, un établissement d'enseignement supérieur fondé pour les étudiants japonais et chinois par le père de l'homme d'État japonais à l'esprit libéral, le prince Konoe.

L'invasion japonaise de la Mandchourie en septembre 1931 a changé la donne politique extrême-orientale. Deux questions hantèrent Sorge : Cet « incident » serait-il un prélude à l'avancée du Japon dans la province du nord de la Chine ? Et, surtout, quel était le risque de déclenchement d'une guerre russo-japonaise ?

La bataille avait éclaté à Shanghai en 1932, le 28 janvier, entre la garnison navale japonaise et la 19e armée d'infanterie chinoise. Elle révéla sous une forme dramatique la force et la faiblesse du régime de Nankin avec en toile de fond l'attitude ambiguë des gouvernements britannique et américain envers Chiang Kai-shek.

Les objectifs de la politique expansionniste du Japon envers la Chine devinrent donc la cible principale de Sorge.

Comme Sorge lui-même l'a écrit dans sa « confession » : « Le déclenchement de la bataille de Shanghai en 1932 a marqué une nouvelle tendance dans la politique japonaise, même si, à l'époque, nous ne savions pas avec certitude s'il s'agissait simplement d'une escarmouche accidentelle ou d'une tentative japonaise d'envahir la Chine à la suite de l'acquisition de la Mandchourie.

« Il était également impossible de dire si le Japon se dirigerait vers le nord, vers la Sibérie ou vers la Chine. »

« Mon travail est devenu beaucoup plus important après l'incident de Shanghai. J'ai dû révéler les véritables intentions du Japon et étudier en détail les techniques de combat de l'armée japonaise en me fondant sur l'exemple de la bataille de Shanghai. »

La Mandchourie est proche de la frontière sibérienne : quelles sont les intentions des Japonais ? Vont-ils pousser au nord ? Pour l'heure, Tokyo veut surtout s'approprier les ressources de la région, fer et charbon notamment. Mais ses ambitions sont aussi territoriales, comme le prouvent, début 1932, les affrontements avec les troupes chinoises autour de Shanghai, dont Sorge livre à ses patrons soviétiques un récit détaillé…

Ces événements lui ont rappelé sa propre expérience de combat pendant la Première Guerre mondiale, mais il était surtout impressionné par l'enthousiasme révolutionnaire des simples combattants chinois. Pourtant les forces de la résistance chinoise n'étaient pas directement subordonnées ni au gouvernement nationaliste ni au Comité central du Parti communiste chinois. Sorge a donc beaucoup apprécié cette première véritable résistance chinoise à l'agression japonaise.

« J'ai vu les positions défensives chinoises, et j'ai également vu l'armée de l'air japonaise et la marine en action. Les soldats chinois étaient très jeunes, mais très disciplinés, même si la plupart d'entre eux n'étaient armés que de grenades… »

Il a lui-même regardé les batailles dans différentes parties de la ville de Shanghai. Mais Sorge a aussi reçu des documents très précieux sur les tactiques de combat japonaises de la part de conseillers militaires allemands affectés aux troupes chinoises.

Ozaki a rédigé un rapport spécial, basé principalement sur des entretiens avec l'attaché militaire japonais au consulat japonais à Shanghai.

Selon les sources d'Ozaki, les Japonais ont été très impressionnés par la réaction chinoise et le Japon espéra circonscrire le conflit. L'incident a été suivi par la création d'un nouveau gouvernement de coalition à

Nanjing, et la base du régime de Chiang Kai-shek a été considérablement élargie et renforcée.

Depuis son arrivée à Shanghai en 1928, Ozaki avait tissé un réseau de contacts extraordinaire au sein de la communauté de diplomates, d'hommes d'affaires japonais et des autorités du Kuomintang. Il entretenait aussi des rapports privilégiés avec le consul général du Japon à Shanghai.

Toutes ces informations précises ont servi de base à un rapport détaillé, envoyé par Sorge à Moscou au printemps 1932. Ce rapport présentait un intérêt particulier pour la Russie. La politique soviétique envers la Chine dépendait en effet d'une évaluation des possibilités militaires nationalistes et communistes.

Mais en février 1932, le journal d'Ozaki lui demanda de retourner au Japon.

Ce dernier avoua plus tard: «Je me trouvais à un carrefour. Je pourrais soit continuer ma collaboration avec Johnson, soit me soumettre à mes supérieurs dans mon journal et rentrer chez moi.

À l'époque, j'avais le sentiment qu'une assistance supplémentaire à Johnson à Shanghai serait un fardeau trop lourd pour moi…»

Pour Sorge, Ozaki fut «un investissement à long terme» vraiment inestimable et il a dû accepter l'inévitable. Mais cette séparation était temporaire…

Dans ce contexte, Sorge s'est également appuyé sur des sources d'information européennes, principalement des hommes d'affaires allemands, des fonctionnaires consulaires et surtout des membres du groupe de conseillers militaires à Nanjing. En tant que journaliste connu et respecté, Sorge a facilement eu toutes les entrées dans ce cercle étroit formé autour du consulat général d'Allemagne à Shanghai. Sorge a minutieusement sélectionné des membres de la mission militaire et des observateurs militaires attachés au gouvernement de Nankin comme informateurs, notamment le colonel – plus tard général – von Kriebel, qui deviendra consul général à Shanghai.

Il a également visité les régions intérieures de la Chine, accompagnant certains des conseillers militaires.

À cette époque, les Allemands testèrent de nouveaux types d'avions civils en Chine et créèrent une compagnie aérienne interne : « Eurasia ».

Mais ce travail n'impliquait pas nécessairement un recrutement d'agents car ces contacts constituaient le travail habituel d'un journaliste professionnel.

Il n'y avait qu'une seule exception possible : le Dr G. Voigt ou Voidg qui fut l'un des représentants de la société allemande d'électrotechnique Siemens. Sorge le connaissait bien et envoya à Moscou les informations économiques reçues du Dr Voidg. Sorge a dit un jour à son opérateur radio Clausen que s'il était arrêté, Clausen devrait trouver le numéro de téléphone de Voidg et rétablir le contact avec lui.

Dans ce contexte Sorge quitta Shanghai pour présenter son rapport complet à Moscou en décembre 1932. Au départ, il prévoyait d'y rentrer définitivement.

Au total, Richard Sorge a passé trois ans en Chine, effectuant une mission d'espionnage pour le compte de la 4e Direction de l'Armée rouge.

Pendant ce temps, il a acquis une réputation enviable de journaliste spécialisé dans les affaires d'Extrême-Orient. Il était aussi reconnu comme un expert chevronné de l'agriculture chinoise – un sujet absolument nécessaire pour étudier l'avenir du communisme chinois. Il a surtout acquis une expérience inestimable des activités clandestines en Extrême-Orient.

L'histoire de sa mission chinoise peut ainsi être reconstituée pièce par pièce, notamment grâce à la déclassification des archives par le général Alexeev.

Grâce aux collaborateurs communistes chinois de Canton, le réseau Sorge s'est étendu à Nanjing et Hong Kong. Sorge a dressé une image très précise du régime Chan et de son élite dirigeante.

Cependant, le groupe de Sorge n'a jamais été en mesure d'établir des communications radio fiables entre Shanghai et Moscou, et la plupart des documents reçus ont été envoyés à Moscou par des courriers via Harbin. Sorge mentionne que deux rapports particulièrement longs et importants ont été envoyés à Moscou, l'un à la fin de 1930 et l'autre en juin 1932, immédiatement après « l'incident de Shanghai », se basant sur les informations de plus cent agents chinois, et sept Japonais travaillant par conviction, sans être rémunérés.

Sorge n'essuya aucun échec en Chine et figurait alors sur la liste des quinze meilleurs résidents des services secrets du Kremlin. S'appuyant sur l'appareil du PC – la clé de son succès – Sorge forgea son propre mythe.

La mission chinoise est devenue pour ce maître espion une période de formation inestimable grâce à sa couverture de journaliste, idéale pour les activités d'un officier du renseignement soviétique à l'étranger. Dans les conditions particulières de Shanghai, Sorge a pu former deux de ses principaux assistants, qui sont apparus plus tard sur la scène de Tokyo – Hotsumi Ozaki et Max Clausen – sans parler de la contribution extraordinaire d'Agnès Smedley et surtout du futur premier ministre de la Chine révolutionnaire Chou En-lai afin de créer un groupe exceptionnel d'agents chinois.

La mission chinoise de Sorge n'était qu'un des maillons de la chaîne des groupes d'espionnage du Kremlin opérant en Extrême-Orient sous la supervision de diverses institutions soviétiques. Mais personne, ni avant ni après Sorge, n'a pu égaler ses performances exceptionnelles. Le réseau Shanghai comptait un plus grand nombre d'agents, davantage d'opérateurs radio et de meilleurs informateurs qu'il n'en avait trouvé à son arrivée.

Destination Tokyo

Sorge est arrivé à Moscou en janvier 1933. Il a loué une chambre à l'hôtel Novaya Moskva et a immédiatement fait son rapport au général Berzin au siège du Bureau, où il a été chaleureusement accueilli. Le général a dit que son travail en Chine avait été « très, très apprécié », proposant de penser à l'avenir.

Pourtant, Sorge était réticent à envisager une autre mission d'espionnage. D'abord, il voulait terminer son livre sur l'agriculture en Chine. À Moscou, il pouvait enfin travailler sur ce texte tous les jours.

Le maître espion était en effet hanté par « la tentation de Venise », aspirant à mener une vie tranquille dans sa datcha près de Moscou avec une bonne épouse qui lui servirait le thé lors de petites réunions sans alcool !

Pourtant, Sorge portait en lui un penchant bien plus puissant encore pour l'action, les femmes, les dîners dans les grands restaurants, les grosses cylindrées et un quotidien de risques et de dangers. Il était régulièrement convoqué à la 4e Direction pour y converser, mais le général Berzin le rencontrait souvent à son hôtel ou l'invitait chez lui.

En tant que membre du Parti bolvchevik russe revenu de l'étranger, Sorge rendit compte de son voyage au Comité central de ce parti où il rencontra de nouveau le haut fonctionnaire Smolyansky, superviseur de Sorge depuis 1929. Sorge était son ami et il visitait souvent la maison Smolyansky où il est accueilli comme « un révolutionnaire professionnel ». Son fils se souvient de Sorge, un homme « aux épaules larges, aux cheveux blonds, avec des sourcils bien définis, un regard droit et ouvert et une bouche bien fermée. Cependant, son apparence n'a en aucun cas laissé une impression de morosité ou de détachement ».

En outre, Sorge s'est entretenu à plusieurs reprises sur des questions liées à son travail en Chine avec des membres du Commissariat aux Affaires étrangères et des officiers du GRU, ainsi qu'avec le chef du département radio de la 4e Direction et ses connaissances de longue date à Shanghai.

Cependant en avril, huit semaines après son arrivée à Moscou, Sorge fut convoqué au 4e département et Berzin lui annonça qu'il ne serait pas autorisé à terminer le livre : il devait partir pour une mission à l'étranger. On lui demanda s'il avait des préférences.

Sorge répondit qu'il choisirait l'Asie, en particulier la Chine du Nord ou la Mandchourie. Puis, à moitié en plaisantant, il fit remarquer qu'il pourrait aussi faire quelque chose… au Japon.

Quelques jours plus tard, il fut de nouveau invité au bureau. Le Comité central du Parti bolchevique russe était « particulièrement intéressé par le travail de Sorge à Tokyo ».

Au cours de réunions ultérieures, il fut convenu que la mission de Sorge au Japon devait d'abord revêtir un caractère expérimental.

« On doit se demander, s'interrogeait Sorge, s'il est possible pour moi et mes assistants d'entrer légalement au Japon, s'il nous sera possible de communiquer avec des Japonais et des étrangers vivant au Japon, quelles sont les possibilités techniques d'établir une communication radio ou toute autre communication, et enfin s'il est possible de collecter des informations concernant la politique japonaise à l'égard de l'Union soviétique ».

Ce fut donc l'essence de sa mission. Le Japon et la Russie avaient déjà été en guerre en 1905, 1910 et 1918, et à chaque fois, Tokyo l'avait emporté. Dès lors, comme il l'écrivit plus tard dans ses « aveux », sa tâche principale était de « suivre de près la politique japonaise envers l'Union soviétique après l'incident en Mandchourie et en même temps d'étudier attentivement la question de savoir si le Japon planifiait une attaque contre l'Union soviétique. » Le clan militariste qui dominait au gouvernement développait une doctrine expansionniste qui rendait inévitable, à terme, un nouvel affrontement avec l'URSS. Moscou tenait donc beaucoup à connaître les intentions de cet encombrant voisin.

« … C'est la tâche principale de mon groupe depuis de nombreuses années et, ce ne sera pas exagéré de dire que c'est le seul objet de ma mission au Japon. »

Il fut décidé qu'au départ, Sorge resterait au Japon pendant un maximum de deux ans. Pendant ce temps, il devait décider s'il y avait l'opportunité de s'y engager dans l'espionnage. Les Japonais ont en effet la réputation de se montrer extrêmement méfiants envers les étrangers, qui n'étaient que 8 000 dans tout le pays, dont 1 118 Allemands.

Dans l'atmosphère d'exaltation nationaliste portée au pinacle après l'exclusion du Japon de la Société des Nations, tous les étrangers y devinrent des objets de suspicion. Les services de renseignement soviétiques avaient donc déjà été confrontés à des difficultés particulières au Japon.

« J'ai oublié de mentionner que pendant mon travail en Chine, j'ai visité le Japon en vacances et passé trois jours à l'Imperial Hotel. Le Japon m'a fait une impression si favorable que lorsque je suis rentré de Chine à Moscou et qu'on m'a demandé à nouveau de faire de l'espionnage, j'ai suggéré en plaisantant Tokyo comme destination possible » (Protocole d'interrogatoire judiciaire de Sorge du 28 juillet 1942).

Le général Berzin l'assura que deux assistants lui seraient affectés, dont l'un était japonais et l'autre un opérateur radio. Sorge fut également mis en garde contre tout contact avec le Parti communiste japonais clandestin ou la gauche japonaise et reçut l'ordre de ne pas se rendre à l'ambassade de Russie au Japon.

L'utilisation des ambassades et consulats soviétiques à l'étranger à des fins d'espionnage fut sévèrement restreinte à la suite d'interventions de la police à Hankou et Harbin en 1927 et d'un scandale en Angleterre la même année, la police britannique ayant fait une descente dans une agence commerciale soviétique.

Comme dans le cas de sa précédente mission, Sorge a assisté au moins à une réunion d'information générale, à laquelle ont également participé des représentants du Komintern, de la 4e Direction et du GPU.

Mais le plus étonnant est qu'on lui ait permis de voir un personnage à part : Radek. Ce dernier était un révolutionnaire, dirigeant du Komintern et un partisan de Trotski, ce qui provoqua en mai 1924 son exclusion du poste de secrétaire du Komintern et du Comité Central du PCUS. Pour autant, cette mise à l'écart ne signifia pas encore la fin de la vie politique de Radek, qui avait déjà démontré ses qualités de résistance et d'habileté dans ce genre d'adversité. « Internationaliste » absolu, il bénéficiait dans le parti d'un statut singulier qui ne l'impliquait pas totalement dans les luttes de succession alors même qu'il conservait une influence liée à sa grande expérience des questions internationales. Ainsi, certes exclu du CC, il se vit toutefois confier la formation des cadres du mouvement communiste chinois à l'Université Sun Yat-sen de Moscou.

La défaite de l'Internationale en Chine et sa mise à l'écart offraient peu de solutions de rechange à Radek. Pourtant, là encore, il démontra des aptitudes de survie et de manœuvre assez exceptionnelles, si on excepte la qualité des moyens utilisés pour parvenir à ce résultat. Il réintégra le parti en janvier 1930 à force de capitulations, d'humiliations digérées, d'avanies réitérées – l'instinct de conservation et la fidélité au parti se conjuguant sans doute pour lui faire accepter ces épreuves. Pur politique, Radek mesurait bien la qualité des forces en présence dans le pays et le parti. Personne ne pouvait s'opposer sans risques au maître absolu du Kremlin. Il espérait aussi, en restant proche du pouvoir, influencer les décisions, notamment en diplomatie.

Les premiers pas sont modestes. Il rédige des articles secondaires dans des ouvrages collectifs, mais très vite, comme souvent, ses compétences éclatantes, sa connaissance précise de l'étranger, son sens de la formule s'imposent et se mettent au service du grand « architecte de la société socialiste », selon la propre expression d'un Radek qui ne rechigne pas à la flagornerie envers Staline. Membre du bureau éditorial des *Izvestia*, il devient à partir de 1931 le commentateur majeur des événements internationaux, reconnu comme tel à l'étranger.

Surtout, Radek devient très vite l'homme de la nouvelle politique soviétique en matière de relations internationales, avec comme clef de voûte la lutte antifasciste et l'aspiration pacifique.

Chargé du Bureau d'information internationale du Comité central du parti (BMI), Radek utilise cette mission à la limite de l'informel pour développer, de 1932 à 1934, de nouvelles relations entre l'URSS, la Pologne et l'Allemagne. Sa conception de la politique extérieure soviétique le pousse à rechercher, par des négociations avec les représentants de Pilsudski, une collaboration entre l'URSS et la Pologne basée sur l'antigermanisme. Ces choix conduisent à faire de la Pologne, principal ennemi potentiel de l'URSS, un partenaire stratégique. La crise entre les deux pays survenue à la fin de 1933, et conclue par l'accord germano-polonais du 26 janvier 1934, marquera la fin de l'influence de Radek. Sa dernière intervention d'importance sera sa collaboration active, en 1935, à la rédaction de la fameuse constitution soviétique de 1936, qualifiée par lui-même de « plus démocratique du monde » mais dont la réalité restera extrêmement éloignée de cette pieuse profession de foi.

Sorge l'a très bien connu pendant la révolution allemande de 1923. Ils partageaient les mêmes passions déclarées : les femmes, le tabac et la littérature. Radek avait entretenu avec Larissa Reisner une liaison, débutée lors des événements d'Allemagne et achevée brutalement par la mort en 1927 à Moscou de cette jeune et sublime journaliste, atteinte du typhus. Cette passion des « belles secrétaires » et les succès qu'il obtenait auprès d'elles n'étaient pas sans surprendre ses contemporains qui le trouvaient plutôt laid.

Négligé, de petite taille, maigre, Radek portait d'épaisses lunettes d'écaille voilant son regard de myope tandis qu'un collier de barbe non taillée encadrait son visage. Le tout lui donnait l'air, selon Victor Serge, d'un « pirate de l'ancien temps ».

La mention de Radek par Sorge est à la fois significative et déroutante. Certes, Sorge et sa femme Christiane fréquentèrent Radek pendant leur séjour commun à Moscou. Mais cet ami des premiers jours de combat du Komintern était maintenant en disgrâce politique et il vacillait fébrilement dans l'horizon politique soviétique restant en marge du pouvoir.

En plus de ses talents divers, Radek était également considéré comme un spécialiste des affaires chinoises dans les cercles dirigeants du parti. Il était également le recteur de l'Université d'Orient où furent formés des cadres pour la future direction des partis communistes en Asie.

Le groupe d'opposition Boukharine-Radek et la direction du renseignement militaire soviétique étaient déjà sous le feu de Staline à ce moment-là. Radek sera fusillé pendant les purges. Leurs activités de préparation de la mission Sorge au Japon, symbolisaient pourrait-on dire, la fin d'une époque.

Une autre réunion importante eut lieu chez Sorge avec deux membres du service extérieur soviétique qui vivaient à Tokyo. Tous deux parlaient japonais et expliquaient les conditions de vie au Japon. La tournée des invitations se termina par la rencontre de Sorge avec « mes vieux amis » les dirigeants emblématiques de Komintern, Pyatnitsky, Manuilsky et Kuusinen.

Mais il fallait décider quelle « couverture » conviendrait le mieux à sa mission à Tokyo. Sorge, avec son intuition légendaire, formula une proposition risquée mais la plus efficace. Peut-être de nouveau celle de journaliste allemand ?

Cette couverture lui avait bien servi en Chine, et il jouissait désormais d'une réputation de bon correspondant. Quant au groupe Sorge à Tokyo, tous ses membres devaient se retrouver dès son arrivée au Japon.

Le 7 mai 1933, Sorge quitta donc Moscou pour l'Allemagne, première étape sur son chemin vers le Japon. Au total, il n'avait finalement passé que quatre mois dans la capitale soviétique.

Il avait vécu durant une partie de cette période avec une femme russe étroitement liée aux services secrets soviétiques. Sorge l'avait rencontrée à la fin de l'année

1928, quand il commençait à prendre des leçons de russe avec une jeune étudiante en art dramatique, Ekaterina Maximova, dite Katia. Certains de leurs amis ont décrit la jeune femme comme quelqu'un de « calme et réservé… mais capable de prendre des décisions étonnantes ».

La plus étrange – qui, en fin de compte, lui sera fatale – fut de jeter son dévolu sur Richard Sorge. L'une des amies artistes de Katia s'est souvenue de lui comme « d'un type large d'épaules, qui portait un chandail bleu et restait assis sans rien dire ». Il avait l'air « calme, gentil et ouvert… une expression qui ne ressortait pas sur les photos ». Cette amie raconta que, pour plaisanter, il se présentait comme un Azerbaïdjanais mais qu'il était incapable de dire un seul mot en azéri. C'était l'une de ses rares plaisanteries.

L'idylle révolutionnaire du jeune couple fut de courte durée.

Katia rêvait peut-être de monter sur les planches, mais son professeur du Technicum des arts scéniques de Leningrad ne voyait en elle qu'une « bonne actrice ». Au moment du retour de Sorge de Chine, Catherine Maximova travaillait comme ingénieur dans une société de médicaments. Il partit vivre de nouveau avec elle lors de sa dernière et très courte visite à Moscou en 1935. Elle entra dans l'histoire comme « l'épouse russe de Sorge. » En 1933, à Moscou, après son retour de Shanghai, Sorge l'a effectivement épousée, se sentant obligé de passer par les formalités du mariage pour des raisons très terre à terre : plus tard, il s'inquiéta de savoir si elle recevait bien les indemnités dues à l'épouse d'un officier de l'Armée rouge en mission sur le terrain.

Mais revenons au voyage de Sorge en Allemagne en 1933.

Depuis juillet 1932, le parti nazi y était devenu le groupe parlementaire le plus important du gouvernement de la république de Weimar. Adolf Hitler avait été nommé chancelier le 30 janvier 1933.

Sorge est arrivé à Berlin fort d'une réputation établie en tant que journaliste spécialisé dans l'Extrême-Orient.

Un des collègues de Sorge au renseignement militaire soviétique a publié ses mémoires à propos de ce voyage sous le pseudonyme « camarade Gorev » alias Bronine. Écrivant sous le pseudonyme de « Ja. Goriev », il évoqua sa rencontre avec un homme « sûr de lui, méthodique et courageux » laissant ainsi une brève description du séjour de Sorge à Berlin en 1933. Cet agent secret s'apprêtait également à quitter Berlin pour partir en mission en Extrême-Orient. Il décrit leur première rencontre, qui eut lieu dans un café d'une banlieue aristocratique de Berlin, en évoquant certaines des déclarations de Sorge sur la situation dans le monde en 1933 et « le danger croissant de guerre contre l'Union soviétique, les forces d'opposition, fascistes et soviétiques, les difficultés du travail clandestin au Japon ».

Selon ce témoignage, le but de l'arrivée de Sorge à Berlin était de se procurer un vrai passeport allemand ainsi qu'une carte de correspondant d'un journal prestigieux.

Pourtant, cette affaire fut délicate. Les archives de la police de Weimar étant déjà tombées entre les mains de la Gestapo, Sorge était personnellement connu de nombreux anciens membres du Parti communiste allemand.

La démarche fut cependant rigoureusement préparée.

À cette époque, la machine officielle de la Gestapo n'était pas encore bien huilée et Sorge passa entre les gouttes en agissant d'une manière audacieuse. D'ailleurs, pour réussir cette entreprise risquée, il étudia en profondeur la littérature et la phraséologie nazies.

Sorge a affirmé plus tard qu'il avait demandé son admission au parti nazi. Il fut effectivement admis le 1er octobre 1934 dans la cellule de Tokyo du parti nazi. L'adhésion d'un journaliste allemand à la toute nouvelle Association de la presse nazie était tout à fait insignifiante à l'époque.

Sorge rendit visite à la police de Berlin le 1er juin 1933 pour présenter une demande de nouveau passeport allemand. Dans son curriculum vitae, il avait évidemment clairement indiqué qu'il était arrivé en Allemagne directement depuis la Chine, et non en passant par Moscou. Ce faisant, il a présenté les recommandations de personnalités respectées, convaincu que cette démarche devrait réduire à presque zéro le risque de lancer une enquête méticuleuse sur son passé. Même si ses liens avec le Parti communiste allemand devaient se manifester, cela appartiendrait désormais au passé car de nombreux anciens communistes avaient rejoint le parti nazi.

Ainsi, les autorités ont eu amplement le temps de faire toutes les enquêtes nécessaires sur le passé de Sorge. Dans le milieu du renseignement soviétique, on a laissé entendre qu'un agent occupait un poste responsable dans les archives de la Gestapo et aurait aidé Sorge. Selon le personnage clé des services secrets nazis, Schellenberg, qui a lui-même vérifié le dossier personnel de Sorge en 1940, « s'il n'était pas prouvé qu'il était membre du Parti communiste allemand, n'importe qui pouvait toutefois conclure qu'il en était sympathisant. Sorge était, bien sûr, en contact étroit avec un grand nombre de personnes connues de nos renseignements... mais il avait également des liens étroits avec des personnes de cercles influents pouvant toujours le protéger contre des rumeurs de ce genre. »

Sorge décida de se rendre à Berlin, acceptant ainsi un risque minutieusement calculé. Le 9 juin, il envoya le message suivant de Berlin au centre de Moscou : « La situation n'est pas très attrayante pour moi, et je serai heureux quand je pourrai disparaître d'ici. »

Le 3 juillet, il écrivait cependant : « Nos affaires ont sensiblement repris, et l'intérêt du séjour peut devenir beaucoup plus fécond. »

Sorge est finalement resté en Allemagne pendant huit semaines, concentré sur la mise en forme de sa couverture journalistique, mais il y a aussi rencontré son ex-épouse Christiane au moins une fois pour arranger un divorce à l'amiable. Pour cette dernière et ses amis, Sorge restait « un vieil idéaliste communiste ».

Il voulait toujours libérer le monde de l'impérialisme capitaliste et du militarisme pour que les guerres à l'avenir soient impossibles... Il restait indulgent envers la situation en URSS : d'après lui, les difficultés, pénuries et erreurs n'y étaient qu'un « phénomène temporaire et regrettable de la période de transition ». Cependant, ses amis ont remarqué qu'il commençait à boire beaucoup.

En attendant, Sorge a obtenu de la part de deux journaux – *Borsen Zeitung* et *Tagliche Rundschau* – une accréditation en bonne et due forme le reconnaissant comme correspondant du Japon. *Tagliche Rundschau,* considéré comme un journal progressiste, fut interdit en décembre 1933. Jusque-là, Sorge envoyait régulièrement des articles à sa rédaction. L'auteur principal de ce journal, le Dr Zeller, était lui aussi un vétéran de la Première Guerre mondiale et, en partie pour cette raison, il appréciait Sorge.

Mais Zeller avait un ami au Japon, le colonel de l'armée allemande Eigen Ott, attaché militaire adjoint affecté temporairement comme officier de liaison au régiment d'artillerie japonais dans la ville de Nagoya.

Zeller a donc donné à Sorge une lettre de recommandation pour Ott, décrivant Sorge comme une personne de confiance totale, « à la fois politiquement et personnellement ». Ott allait jouer un rôle-clé dans notre saga d'espionnage.

Parlant de cet épisode aux enquêteurs japonais neuf ans plus tard, Sorge déclara : « À cette époque, les Allemands à l'étranger se méfiaient les uns des autres. Et donc, si j'avais besoin qu'Ott me fasse confiance, une lettre comme celle de Zeller m'était tout simplement indispensable ».

Une étape encore plus audacieuse pour renforcer sa couverture fut sa tentative d'obtenir le soutien de la principale revue théorique national-socialiste *Geopolitik*, fondée par Karl Haushofer, dont le concept de géopolitique – la relation entre la politique et la géographie – était alors très à la mode dans les plus hautes sphères du pouvoir nazi. (Karl Haushofer théorise le fait que les Japonais sont les « Aryens de l'Asie » et ont vocation, comme les Allemands, à dominer les peuples qui les entourent).

Sorge a d'abord rencontré le rédacteur en chef de cette revue, le Dr Wolfinkel, à Berlin. Ce dernier connaissait déjà le nom de Sorge d'après les articles qu'il avait envoyés à la presse allemande depuis la Chine, et il a eu la gentillesse de donner à Sorge une lettre d'introduction à l'attention de deux diplomates de l'ambassade d'Allemagne.

Le maître espion s'est ensuite rendu à Munich pour le rendez-vous avec Karl Haushofer et a réussi à obtenir encore deux lettres d'introduction : l'une au – Dr Woretz, l'ambassadeur d'Allemagne à Tokyo, et l'autre à M. Debuchi, ambassadeur du Japon à Washington.

Mais guidé par son intuition légendaire, Sorge savait parfaitement que certains Allemands au Japon étaient anti-nazis. Et par conséquent, après de longues délibérations, il décida de se procurer en Allemagne à la fois une lettre de recommandation de *Geopolitik*, revue emblématique pro-nazi, et de *Tagliche Rundschau*, connue pour ses vues anti-nazies.

Pour la bonne mesure, Sorge a également offert ses services au respectable journal financier *Algemmen Handelsblad* d'Amsterdam, qui recevra régulièrement ses articles de Tokyo.

Toujours à Berlin, Moscou a organisé sa rencontre avec le futur opérateur radio de son groupe connu sous son nom de code « Bernhard ». Ils décidèrent de se retrouver en octobre à l'hôtel Imperial de Tokyo.

Sorge était donc prêt à repartir pour une nouvelle aventure, muni de lettres de recommandation et d'une couverture fiable de correspondant étranger. Il voyagea sous son propre nom, avec un véritable passeport allemand. Dans son dernier message de Berlin adressé à Moscou, daté du 30 juillet, il écrivit :

« Je ne peux pas prétendre que j'ai fait tout à cent pour cent, mais c'était tout simplement impossible de faire plus ».

« Il serait inutile de rester ici pour signer des accords de coopération avec d'autres journaux… Je suis malade de l'oisiveté. Maintenant, je peux seulement dire que les conditions préalables à mon retour au travail sont plus ou moins réunies ».

Pour aller au Japon, Sorge choisit un itinéraire détourné via la France et les États-Unis, en évitant évidemment de passer par la Russie soviétique et en contournant également les ports strictement contrôlés du nord de l'Allemagne.

En juillet 1933, il quitte Cherbourg pour prendre le bateau à destination de New York. Arrivé aux États-Unis, il rend visite à l'ambassadeur du Japon à Washington, présentant une lettre de recommandation de Haushofer et recevant de l'ambassadeur le même document adressé cette fois au chef du Département de l'information du ministère des Affaires étrangères du Japon à Tokyo. Il organisa aussi deux réunions secrètes – à New York et à Chicago – avec des membres clandestins de l'appareil du Komintern aux États-Unis. Il y apprit que son assistant japonais viendrait au Japon depuis la Californie pour le rejoindre à Tokyo.

En partant de Vancouver le 6 septembre 1933, Sorge arriva à Yokohama.

Le théâtre japonais

À l'époque, l'atmosphère politique à Tokyo était étouffante comme le temps japonais de septembre, quand la saison des typhons s'installe sur les côtes. Tout le monde y semblait agité et nerveux. La menace de violence paraissait planer au-dessus des airs.

Un peu plus d'un an s'est écoulé depuis que le Premier ministre Tsuyoshi a été abattu par un groupe de jeunes officiers nationalistes à sa résidence officielle, et en juillet 1933 – à peine deux mois avant l'arrivée de Sorge – la police a découvert un autre complot contre le gouvernement.

Face à cette situation persistait pourtant un facteur stabilisateur : l'attachement du pays à l'empereur et à sa mission divine.

Selon la formule de Sorge, « le lien direct à l'empereur n'a jamais été défini avec précision. Cette idée était en effet trop vague pour une analyse rationnelle occidentale ». Mais pour les « ultra nationalistes » qu'étaient ces jeunes officiers de l'armée japonaise, ce concept impliquait une reconstruction radicale de la société japonaise sur une base socialiste. Toutes les richesses – notamment les finances et les terres – dépassant une certaine valeur auraient dû être « rendues » à l'empereur. Et il y avait de nombreux anciens socialistes et communistes parmi les défenseurs de ces idées. Ce concept permettait d'harmoniser l'action révolutionnaire avec l'allégeance traditionnelle à la maison impériale. Il séduisait les jeunes officiers de l'armée et de la marine, qui méprisaient les énormes conglomérats capitalistes et les politiciens corrompus.

Ces nationalistes extrémistes éprouvaient aussi une peur bleue du marxisme international et cosmopolite, personnifié par le Komintern et l'Union soviétique. Ce dernier était généralement considéré comme le principal ennemi extérieur du Japon. Pourtant, il y avait aussi de nombreux officiers supérieurs modérés convaincus qu'il ne serait pas sage d'entrer en conflit avec la Russie.

Au moment de son arrivée au Japon, Sorge savait pertinemment que l'armée japonaise n'était pas une organisation monolithique mais déchirée par des contradictions et des luttes entre factions souvent très violentes.

Au sommet de la pyramide du pouvoir, l'empereur affichait une aversion non déguisée pour le militarisme sous toutes ses formes. Cavalier magnifique, il avait l'air impressionnant à la parade annuelle dans le parc Yoyogi. Installé sur son cheval de guerre blanc, l'empereur était une incarnation vivante du commandant en chef japonais. Cependant, certains soupçonnaient l'empereur du Japon de considérer la direction de l'armée du pays comme un fardeau désagréable mais inévitable.

Le monarque était un homme secret, instruit, concentré sur son passe-temps personnel : l'étude de la biologie des animaux marins.

En théorie, l'empereur était non seulement sacré et inviolable, mais omnipotent, préservé par son devoir constitutionnel de légiférer avec le consentement du parlement.

En ce qui concerne les opérations militaires et navales, il agit sur les recommandations des chefs d'état-major car ces questions ne relevaient pas de la compétence du Cabinet des ministres. Dans la gestion de l'armée et de la marine, il s'est appuyé sur les conseils du ministère de la Défense et du ministère de la Marine formés de généraux et d'amiraux en service actif.

En 1933, l'armée et la marine étaient plus importantes que tous les groupes civils, mais l'armée était le plus puissant. Cependant, elle-même manquait d'unité et se voyait divisée en factions.

La marine souffrit elle aussi de la fragmentation mais ses divisions étaient moins perceptibles. Bien sûr, les discussions sur un imminent conflit avec l'Union soviétique la divisaient, car l'idée même d'une guerre russo-japonaise en 1935 ou 1936 avait provoqué un rejet. En effet, la majorité des officiers haut gradés craignait qu'une guerre avec la Russie puisse se terminer par une confrontation générale qu'il fallait absolument éviter. Il fallait en effet du temps pour réaliser le programme de construction de la flotte et résoudre le problème de son approvisionnement en pétrole. Les experts navals avaient quant à eux exprimé leur préférence pour l'expansion japonaise vers le sud-ouest, en direction la Chine.

Quant à la gauche japonaise, elle formait un mouvement minoritaire. De nombreux socialistes avaient viré vers le nationalisme militaire. La montée du fascisme en Europe joua un rôle à cet égard, et les menaces des fanatiques de droite ont sans aucun doute fait taire de nombreux socialistes. Mais ces derniers espéraient que l'occupation de la Mandchourie permettrait d'atténuer la crise économique engendrée par la dépression mondiale de 1929. Alors, de nombreux socialistes et même certains communistes adoptèrent le concept de « voie impériale ».

Le Parti communiste fut interdit. Un soutien actif au communisme ou même une sympathie pour le Komintern impliquait une arrestation suivie de lourdes peines de prison. L'adhésion aux convictions révolutionnaires de gauche était donc considérée comme un crime idéologique.

Le peuple japonais était respectueux des lois et assez conformiste, uni par un sentiment omniprésent de loyauté envers l'empereur. La plupart des étrangers au Japon ne se rendaient pas compte du mécontentement de la population dans le contexte de la dépression économique. L'effondrement du marché de la soie en Amérique en 1930 amena une grande partie de la population agricole japonaise au bord de la pauvreté. Deux ans plus tard, le nord du Japon subit une mauvaise récolte catastrophique, et le seul moyen pour des milliers de familles d'agriculteurs de la région d'échapper à une véritable famine durant l'hiver 1932-1933 était de vendre leurs filles aux courtiers de la ville qui ont inondé la campagne. La colère révolutionnaire exigeait une porte de sortie, une échappatoire. Il fut trouvé dans l'ultranationalisme, qui se manifesta par la violence à la fois dans le pays et à l'étranger dans les années 1930.

À cette époque, la majorité de la population active japonaise travaillait dans l'agriculture malgré le développement rapide de l'industrie lourde.

Dans ce contexte Sorge, avec son intuition légendaire, a tiré une conclusion de ces premières impressions qui se sont révélées prémonitoires : l'armée japonaise est favorable à l'attaque contre la Russie soviétique et à l'expansion en Sibérie. La marine privilégie la pénétration en Asie et les conquêtes en Chine, même au prix d'une confrontation inévitable avec les États-Unis.

Pourtant, la situation restait instable. Cette ambiance à Tokyo rappela à Sorge l'Allemagne avant 1918.

À dire vrai, le Japon l'impressionnait comme un pays inconnu. L'atmosphère à Tokyo n'avait rien à voir avec Shanghai. Grâce au règlement international et à la concession française, l'ambiance générale de Shanghai rappelait davantage celle d'une ville occidentale. Tokyo, en revanche, était beaucoup moins internationale et certainement plus énigmatique.

Dans le centre de la capitale japonaise, il y avait de nombreux bâtiments modernes, adjacents aux murs entourant le palais impérial et le château du Shogun. Ce quartier d'apparence cosmopolite abritait un long bâtiment bas en briques jaunes et brunes.

C'était l'hôtel préféré de Sorge, l'Imperial Hotel, connu parmi les Européens comme le dernier d'une série d'hôtels luxueux construits le long de la route de Suez vers l'Est.

Le hall de l'hôtel, avec ses plafonds bas à différents niveaux, ses bars souterrains et ses boutiques d'arcade, rassemblait une foule hétéroclite de touristes, d'invités du gouvernement, de journalistes, des diplomates, des espions et des hommes d'affaires étrangers.

Les Japonais semblaient être en minorité, leur politesse innée les rendaient presque invisibles. Les visiteurs japonais de l'hôtel étaient surtout des personnes qui vivaient autrefois à l'étranger ou ayant des amis étrangers.

La librairie de l'hôtel proposait deux quotidiens de Tokyo en anglais. L'abondance de sourires et de courtoisie semblait envelopper les Européens et les Américains dans un cocon d'une bienveillance trompeuse.

Mais l'Imperial Hotel, comme le Tokyo Club ou encore les clubs internationaux de Yokohama et Kobe, était une toute petite enclave, une île dans cet océan dominé par la morale, la langue et le peuple japonais.

En dehors de cette enclave, un étranger était accueilli ici avec une politesse exquise s'accompagnant d'une incroyable curiosité. Au Japon, Sorge n'a jamais rencontré l'indifférence si courante en Chine. La curiosité japonaise pouvait être amicale ou hostile, mais elle était rarement totalement absente.

Un étranger se trouvait inévitablement face à la langue japonaise comme devant un formidable obstacle à une véritable compréhension du peuple, et par conséquent, la plupart des étrangers vivant au Japon étaient très limités dans leurs contacts. Dans le cas des ambassades, la barrière de la langue signifiait que deux ou trois membres du personnel diplomatique ou consulaire spécialisé dans la langue japonaise devaient bénéficier d'une confiance exceptionnelle. Pour la même raison, les correspondants de presse étrangers avaient tendance à dépendre fortement des services de leurs subordonnés anglophones.

L'anglais étant une matière obligatoire dans les écoles secondaires et les établissements d'enseignement supérieur au Japon, la majorité des Japonais parlait donc assez bien l'anglais. Un homme diplômé de l'une des universités impériales devait obligatoirement savoir lire et écrire en anglais… Mais, en règle générale, on n'était pas désireux de communiquer en anglais et on se sentait gêné lorsqu'on s'adressait à un étranger.

Mais d'emblée Sorge remarqua un autre handicap pour déchiffrer les mystères de Tokyo : l'originalité de la psychologie japonaise.

Un Japonais parlant avec des étrangers devenait prudent si la conversation touchait des sujets sérieux comme la politique. Dans ce cas, il évitait poliment mais fermement de poursuivre la conversation.

De ce point de vue, les années 1930 ont été une période particulièrement mouvementée pour la plupart des Japonais. Les « conversations dangereuses » pouvaient entraîner des problèmes…

L'agression en Mandchourie et les batailles de Shanghai au début de 1932 provoquèrent une vague de condamnations aux États-Unis et en Europe, et le Japon fut expulsé de la Société des Nations. Dans ce contexte, les Japonais se sentaient isolés du reste du monde et ils sont devenus encore plus prudents dans leurs relations avec les étrangers.

Tel était le contexte de l'arrivée de Sorge à Tokyo à la fin de l'été 1933.

C'était pour lui une sorte de *terra incognita* pleine de paradoxes, un État dirigé par un empereur présenté comme une divinité, mais privé d'un réel pouvoir.

Les deux premières années du séjour de Sorge à Tokyo allaient être une période d'expériences et d'épreuves. Comparé à la Chine, le Japon se présentait vraiment comme un livre fermé… En attendant, Sorge commença à rassembler une collection d'ouvrages sur le Japon pour créer une véritable bibliothèque contenant plus d'un millier de volumes.

En arrivant à Tokyo, Sorge loua une chambre à l'hôtel Sanno. Sa première visite fut naturellement pour l'ambassade d'Allemagne.

Le nouvel ambassadeur, le Dr Herbert von Dirksen, n'était pas encore arrivé mais Sorge fut bien accueilli par le personnel diplomatique... Selon ses propres mots, les diplomates allemands avaient été particulièrement impressionnés par la recommandation reçue de l'ambassadeur du Japon à Washington, adressée au chef du département d'information du ministère japonais des Affaires étrangères.

Le lendemain de sa visite à l'ambassade, Sorge rendit donc visite au directeur du département de l'information du ministère des Affaires étrangères japonais et fut présenté à plusieurs journalistes japonais et étrangers.

Sorge savait que tous ses mouvements étaient étroitement surveillés par la police japonaise.

Début octobre, il était prêt à revoir son opérateur radio Bernhard, qu'il avait vu pour la dernière fois à Berlin.

Ce dernier venait d'arriver au Japon avec sa femme, portant des passeports allemands aux noms de M. Wendt et Mme Wendt, et il s'est installé dans une banlieue de Yokohama, se présentant comme un homme d'affaires. Lorsqu'ils se sont retrouvés dans le hall de l'hôtel impérial, Sorge déclara à Bernhard qu'il ne devrait pas perdre de temps pour installer un émetteur radio chez lui. Il lui recommanda également de rencontrer rapidement le deuxième membre du groupe, le Yougoslave Branko Vukelich et le troisième membre Miyagi, un artiste japonais de talent et communiste convaincu, qui arriva à Tokyo depuis la Californie. Moscou avait beaucoup insisté auprès de lui pour qu'il s'y rende rapidement. Les événements montreront que ce dernier a exercé ses fonctions d'agent secret au Japon, avec persévérance et créativité.

Une fois au Japon, Miyagi, contrairement à Vukelich, ne ressentait pas un grand besoin d'argent. Il loua une chambre chez un ami et semblait vendre ses tableaux sans trop de difficultés. En effet, au cours des cinq à six années suivantes – jusqu'à l'été 1939 – il devint un peintre à succès.

Il rencontra Sorge à la fin de 1933, à la galerie d'art d'Ueno. En 1934, après une ou deux réunions, Sorge lui demanda de ne pas retourner en Amérique. Il devait rester au Japon, où il serait le plus utile pour servir « la cause révolutionnaire » à laquelle ils s'étaient tous les deux voués : la prévention de la guerre entre le Japon et l'Union soviétique. Miyagi donna son accord avec une certaine hésitation.

Au début, Sorge n'a pas demandé à Miyagi beaucoup d'informations. Ce fut surtout des récits oraux de commentaires déjà parus dans les journaux et magazines japonais. Le matériel de ce genre était précieux pour le journaliste Sorge mais n'intéressait pas Sorge l'espion.

Comme convenu à Moscou, le groupe opérationnel était désormais entièrement formé : Sorge avait son propre opérateur radio et deux assistants, dont l'un était japonais. Cependant, du point de vue de Sorge Miyagi, il était un novice vivant en Amérique depuis l'âge de seize ans, et le monde de Tokyo ne lui était pas familier. Il n'avait aucun contact avec le gouvernement japonais ou parmi les hauts gradés de l'armée. L'expérience et la maturité lui faisaient également défaut puisque Miyagi avait trente ans lorsqu'il rencontra Sorge. Mais Miyagi savait lire et écrire en japonais, et à cette époque, c'était son seul mérite, sans compter sa sensibilité naturelle, son intelligence extraordinaire et sa bonne nature.

Dans ce contexte, Sorge décida de renouer les contacts avec Hodzumi Ozaki qui fut son principal assistant pendant sa précédente mission secrète en Chine.

Prudence oblige, il préféra contacter Ozaki par l'intermédiaire d'un tiers, de préférence un Japonais. Il pensa alors à Miyagi. À dire vrai, il n'y avait pas d'autre choix.

Au printemps 1934, cinq mois après le début de leur collaboration, Sorge envoya Miyagi comme émissaire à Osaki au bureau de son journal *Asahi*. Ce contact sera déterminant pour le succès de la mission de Sorge au Japon.

À la réception du journal *Asahi,* Miyagi montra une carte de visite avec le nom Minami Ryuchi et demanda à rencontrer Ozaki. Il déclara à ce dernier qu'il était venu au nom d'un étranger qui était son ami à Shanghai.

Ozaki resta très prudent durant toute cette conversation. Son interlocuteur pouvait bien être un policier. Tourmenté par les soupçons, il se posa même la question : est-ce que l'étranger qui voulait le voir pourrait bien être ce charismatique M. “Johnson”, son ami européen apparu à Shanghai ?

Le bureau du journal n'était pas l'endroit approprié pour ce genre de conversations confidentielles et Ozaki s'est alors arrangé pour rencontrer son mystérieux interlocuteur dans un restaurant chinois. Les appréhensions initiales d'Ozaki disparurent alors car sa supposition sur l'identité de l'étranger se trouvait confirmée. « J'ai appris, se souvint-il plus tard, que mon interlocuteur était Miyagi, membre du Parti communiste américain, envoyé au Japon sur ordre du Komintern, et que l'une de ses tâches était de me conduire à Sorge. »

Quelques jours plus tard, Ozaki rencontra Sorge, alias "Johnson", dans un endroit préalablement convenu : un parc de cerfs à Nara.

D'emblée, Sorge demanda à Ozaki de pouvoir travailler à nouveau ensemble.

– Pourrais-tu m'aider ? a-il demandé. Cette fois, c'est le Japon, pas la Chine.

Sorge voulait se tenir au courant des vues d'Ozaki sur la situation politique, économique et militaire au Japon. Et ce dernier n'a pas déçu son ami. Quelques années plus tard, un document judiciaire japonais décrivait ainsi cette situation :

« Ozaki a rencontré Sorge, qui a insisté pour reprendre ses activités de renseignement. L'accusé a facilement accepté de rejoindre le groupe, tout en sachant parfaitement que Sorge avait créé un groupe de renseignement au Japon, dont le siège était à Tokyo, afin de rechercher et de collecter diverses informations militaires, diplomatiques, financières, politiques, économiques et autres, ainsi que les secrets militaires et les secrets liés à nos ressources militaires – et ces informations devaient être transmises aux autorités de Moscou ».

Ozaki a accepté l'offre de Sorge presque sans hésitation. Certes, cette décision était liée à son engagement idéologique en faveur du communisme mais surtout, il fut influencé par la personnalité charismatique de Sorge. Ces deux agents secrets avaient un immense respect l'un pour l'autre. La coopération à Shanghai fut marquée par une véritable et profonde amitié. Le journaliste connaissait Sorge sous le nom de Johnson jusqu'en 1936.

Les qualités extraordinaires de la personnalité d'Ozaki seront mises en évidence tout au long de notre histoire. Cependant, Sorge avait accès à une autre source d'informations équivalentes, voire plus importantes, à savoir l'ambassade d'Allemagne.

Les relations de Sorge avec le colonel Eigen Ott furent extrêmement bénéfiques pour tous les deux. Le maître espion établit une connexion précieuse avec la colonie allemande à Tokyo. Ce fut un élément décisif dans la construction de son réseau de sources d'informations.

Le colonel Ott, qui avait servi comme artilleur pendant la Première Guerre mondiale, a occupé un poste important dans la section d'administration politique du ministère de la Défense pendant la République de Weimar. Il faisait partie de l'état-major personnel du général Kurt Schleicher qui fut le dernier chancelier allemand avant l'arrivée d'Hitler.

En juin 1934, Schleicher a été tué sur l'ordre de la direction nazie. Mais quelques mois plus tôt, le protégé de Schleicher, Ott, a été envoyé en tant qu'observateur militaire au Japon pour l'éloigner des aléas politiques du nouveau régime nazi.

À vrai dire, Ott eut une chance extraordinaire d'être envoyé au Japon car plus tard, tous les proches collaborateurs du chancelier Schleicher sans exception furent impliqués dans le complot contre Hitler de 1944 et furent pendus par les nazis.

En attendant, Ott s'est installé à Nagoya en tant qu'officier de liaison spécial avec le 3e régiment d'artillerie. En mai 1934, juste au moment où Sorge rencontrait Ozaki à Nara, Ott devint attaché militaire à l'ambassade allemande au Japon. Il avait été formellement nommé à ce poste en février de la même année. Encore à Berlin avant le départ de Sorge, le Dr Zeller du *Tagliche Rundschau* lui avait remis une lettre d'introduction à l'attention d'Ott, cette lettre dans laquelle il décrivait Sorge comme « totalement digne de confiance ».

La vie d'un étranger dans une ville de province japonaise était très solitaire. Mais le colonel Ott avait eu la chance de venir avec sa famille au Japon. Pourtant, la colonie étrangère de Nagoya était petite et dispersée dans cette immense ville, la quatrième du Japon en taille.

L'arrivée de Sorge a donc ravi les époux Ott. Il était un homme instruit et, de plus, un ancien soldat qui, comme Ott, avait combattu sur les fronts de la Première Guerre mondiale. Tous les deux avaient d'ailleurs servi dans la même division.

Des relations amicales étroites se sont établies. Une chance extraordinaire a encore une fois souri à notre maître espion car l'épouse d'Ott avait été une militante de gauche dans les années 1920. Elle avait alors croisé Sorge pour la première fois à Frankfort où ils avaient connu une brève histoire d'amour. Sorge évita soigneusement de mentionner cet épisode délicat qui figure pourtant dans son dossier soviétique divulgué par général-lieutenant Alexeev dans le cadre de la déclassification des archives secrètes soviétiques concernant Sorge.

Comme l'écrivait pudiquement Sorge: «L'une des raisons de notre amitié tenait à mon service militaire, lorsque j'ai combattu pendant la Première Guerre mondiale. Ott avait participé à la guerre en tant que jeune officier.»

Ott et Sorge appartenaient en effet à la même génération: Ott venait d'avoir quarante ans, Sorge trente-neuf ans. Ce dernier avait toujours réussi à établir des relations particulièrement chaleureuses avec les officiers allemands, que ce soit en Chine ou au Japon. De fait, la guerre était le seul moment de sa vie dont il pouvait parler ouvertement, sans crainte de divulguer sa mission secrète.

D'ailleurs, tous les témoignages sont unanimes: à l'époque Sorge était très sociable, vif, gai, généreux et raffiné et même sophistiqué lorsque cela était nécessaire. Il pouvait se permettre par exemple de faire des remarques sarcastiques sur des nazis, ce qui ne déplaisait pas aux époux Ott.

Comme Sorge l'a dit à l'enquêteur japonais, « Ott me considérait comme un homme aux opinions progressistes prononcées, pas un nazi, pas un communiste, mais juste une personne quelque peu excentrique sans aucun attachement fanatique ni foi aveugle. »

Déja à Nagoya, Sorge aurait fourni à Ott des informations secrètes utiles sur les affaires militaires japonaises, reproduites dans les rapports d'Ott à l'attaché militaire à Tokyo.

Au fil des jours, Sorge est devenu un ami très proche d'Ott et de son épouse qui était une femme gentille, sensible et compréhensive. Elle et son mari ont donné à Sorge, selon leur propre formule, « une place dans leur foyer » constituant une sorte de « triangle allemand ».

Tout le monde savait que sous l'influence de Frau Ott, Sorge pouvait daigner « se comporter décemment ». Dans d'autres circonstances, il était bohème et intolérant aux bonnes manières bourgeoises.

Mais en compagnie des Ott, Sorge était un autre homme, toujours affable et très poli, acceptant même les remarques de Frau Ott lorsqu'elle le grondait « comme une mère » : pour lui faire plaisir, Sorge a accepté par exemple de porter un smoking le soir, habit qu'il détestait particulièrement…

On pourrait supposer que Sorge « cultivait » consciemment l'amitié des Ott uniquement pour collecter des secrets. Cependant, dans des circonstances où Sorge n'avait pas besoin de mentir sur cette question particulière, par exemple au cours de l'enquête menée par l'enquêteur japonais Yoshikawa, le maître espion a continué d'affirmer que « Ott était une personne agréable et bonne ». Même si la carrière secrète de Sorge exigeait un dédoublement constant de sa personnalité, cette remarque laisse entendre qu'il avait une attitude humaine et « non professionnelle » envers ces amis.

Fin 1933, le nouvel ambassadeur d'Allemagne au Japon, Herbert von Dirksen, arriva à Tokyo. Auparavant, il était ambassadeur en Union soviétique. Selon Sorge, la tâche principale de l'ambassadeur était de conduire les relations germano-japonaises « dans le courant de l'hostilité envers l'URSS ». L'Allemagne et le Japon avaient en effet quitté la Société des Nations presque simultanément en 1933, renforçant les liens entre les deux pays dans leur hostilité commune envers l'Union soviétique.

À ce moment-là, Sorge était déjà en bons termes avec le personnel de l'ambassade, et son long article analytique pour *Tagliche Rundschau*, écrit à la fin de 1933, suscita un grand intérêt en Allemagne, renforçant encore la position de Sorge à l'ambassade.

L'influence de Sorge y devint encore plus visible après l'arrivée à Tokyo en 1934 d'un nouvel attaché naval, le capitaine Paul Wennecker. Selon Sorge, « c'était un militaire noble de caractère. Cependant, les questions politiques échappaient complètement à sa compréhension et je pourrais donc lui être d'une certaine utilité. Wennecker, comme moi, était célibataire, et nous sortions régulièrement dans les restaurants de Tokyo, devenant de bons compagnons ».

Ces relations cordiales se sont poursuivies tout au long du séjour de Wennecker au Japon de 1934 à 1937 et ont repris après son retour à Tokyo en 1940 avec le grade de contre-amiral. Cette amitié, éminemment utile pour le travail clandestin de Sorge, peut servir d'illustration de ses contacts avec de nombreux officiers allemands.

Le prince Albrecht von Urach faisait également partie des amis de Sorge. Ce dernier arriva à Tokyo en

1934 en tant que correspondant du journal *Volkischer Beobachter.*

Encore à Berlin, il avait lu certains articles de Sorge et avait hâte de le connaître. Après sa rencontre, il découvre que Sorge est un « Berlinois typique, astucieux, dur, violent, bruyant, buveur et coureur de jupons. » À première vue, le prince et Sorge étaient très différents. Appartenant à la haute noblesse, le prince était plus élégant et moins sauvage, mais il était insouciant et bon enfant. Beaucoup plus jeune que Sorge, il était moins expérimenté en tant que journaliste. La personnalité de Sorge l'impressionnait beaucoup. Urach le considérait comme un homme drôle et excentrique, mais certainement avec « une âme et un cœur purs ».

D'ailleurs, son ami l'attaché militaire Ott avait servi dans la division commandée par le père d'Urakh, un général exceptionnel pendant la guerre de 1914-1918. De plus, Sorge avait quant à lui servi dans un régiment d'infanterie – les Mayflyes de Berlin – dans lequel le père d'Urakh, un militaire professionnel, commença sa carrière.

Urakh et Sorge ont ainsi trouvé des affinités incontestables. Bien que le premier représentât le principal journal du parti nazi, Sorge n'a jamais essayé de cacher ses opinions peu orthodoxes en sa présence, par exemple en admirant ouvertement l'Armée rouge…

À la fin du printemps 1934, Sorge avait déjà une réputation bien établie dans la communauté allemande. Il était considéré comme un journaliste énergique avec un don particulier pour déchiffrer les mystères de Tokyo. C'est précisément en tant que spécialiste des affaires d'Extrême-Orient que l'ambassadeur lui-même et tous les attachés militaires reconnaissaient son autorité indéniable. Malgré son comportement excentrique, la communauté allemande fut assez tolérante à son égard : Sorge n'avait ni femme, ni famille. Sa forte consommation d'alcool était une tradition propre aux correspondants étrangers. Sorge fut alors perçu comme « un mélange de charme et de cruauté ». À dire vrai il est devenu, d'une manière étrange, un objet de respect et de désapprobation en même temps.

Comme tous les autres correspondants, Sorge a régulièrement assisté à des conférences de presse organisées par le ministère japonais des Affaires étrangères trois fois par semaine, et a également maintenu un contact constant avec Rento – plus tard Domain –, l'agence de presse japonaise, le bureau de presse du ministère de la défense et le ministère japonais de la marine. Il a rejoint le club allemand Keihin (Tokyo-Yokohama), fréquentant assidûment la bibliothèque du club, ainsi que son bar. Il est également devenu membre du Tokyo Club et le propriétaire de l'une des plus belles collections de livres sur le Japon publiées au monde dans les langues d'Europe occidentale. Sorge a souvent voyagé à l'extérieur de la capitale, affichant un intérêt particulier pour la campagne, où de nombreuses régions étaient encore en déclin à cause des récoltes catastrophiques de ces dernières années et de l'effondrement du marché américain de la soie.

À Tokyo, Sorge dînait souvent chez Lomier, un excellent restaurant allemand situé dans un sous-sol, non loin de Ginza, et appartenant à un vétéran de la bataille de Qingdao. Il était régulièrement vu à l'Imperial Hotel, bavardant dans le hall ou jouant aux dés dans le bar du rez-de-chaussée. Surtout il fut un visiteur assidu de l'ambassade allemande, où il échangeait des nouvelles et des commentaires avec des attachés militaires. Si au début les rencontres avec l'ambassadeur Dirksen ne furent pas si fréquentes, au fil du temps, leurs relations se sont resserrées.

Il y avait aussi des cafés-bars français, italiens, espagnols, russes, scandinaves et latino-américains. On y trouvait notamment un café meublé et décoré dans l'esprit d'une ancienne taverne anglaise, avec des boiseries en chêne, des tasses en étain et des trophées de chasse sur les murs. Dans de tels établissements, les serveuses apportaient un verre et devaient s'asseoir à côté des clients, jouant le rôle d'une sorte de geisha, faisant plaisir aux clients avec des compliments, riant de leurs blagues et s'assurant que les verres des clients n'étaient pas vides.

Il ne fait aucun doute que les cafés et brasseries de style allemand ont également joué un rôle dans cette saga d'espionnage. Deux d'entre eux, Fledermaus et Reingold, furent particulièrement appréciés par Sorge. Ces deux établissements appartenaient à des Allemands qui avaient engagé des serveuses japonaises ; tous deux étaient situés dans la région de Ginza. Fledermaus était un café assez petit et faiblement éclairé avec quatre tables et deux ou trois serveuses. C'était, selon les mots de Sorge, un trou terne et sombre avec des sièges usés recouverts d'une sorte de tapisserie. Il n'y avait rien de japonais ici, à part une ou deux serveuses discrètes qui venaient près des clients, leur serrant le cou avec leurs bras et riant exagérément.

Un journaliste américain qui a souvent croisé Sorge à l'époque se souviendra, plus tard, d'un « play-boy qui dépensait sans compter, tout le contraire d'un dangereux espion ».

Mais le Reingold était plus spacieux et beaucoup plus attrayant. C'était à la fois un restaurant et un bar appartenant au célèbre Herr Ketel. Pour les postes de serveuses, les jeunes filles étaient sélectionnées avec beaucoup de soin. Les salaires y étaient assez élevés. Parmi les visiteurs, il y avait aussi des Japonais cosmopolites, des hommes d'affaires, des politiciens, des membres de la colonie allemande et d'autres Européens. C'est d'ailleurs au Rheingold que Sorge rencontra une amante fidèle et dévouée.

Au bar de l'Imperial Hotel, au Rheingold ou à Fledermouth, Sorge et ses amis célibataires étaient connus de la police sous le nom de "club balkanique".

Vukelich et l'opérateur radio du groupe Bernhard ne faisaient pas partie de ce cercle. À cette époque, Vukelich était utilisé par Sorge principalement en tant que bon photographe. Il avait photographié pour Sorge des documents secrets. Les résultats de son travail, généralement sous forme de microfilms, étaient ensuite envoyés à Moscou.

Mais à l'époque, Sorge était surtout déçu par le travail de son opérateur radio parce que les tentatives pour établir un contact radio à partir de Tokyo avec la 4e Direction de l'Armée rouge s'avéraient infructueuses, principalement en raison de « la lâcheté de Bernhard ».

Après s'être installé sous la couverture d'un homme d'affaires, Bernhard avait essayé de mettre en marche deux émetteurs radio, l'un chez lui à Yokohama, l'autre dans la maison tokyoïte de Vukelich. Pourtant, Bernhard continuait de prétendre que ces émetteurs étaient difficiles à manipuler en raison de nombreuses difficultés techniques. Surtout, l'opérateur radio vivait dans la peur viscérale d'une arrestation.

« J'ai opéré à Yokohama sous le couvert d'un commerçant étranger, envoyant des échantillons de produits japonais à des entreprises étrangères… Sorge, cherchant la reconnaissance de Moscou, m'a ordonné d'envoyer d'innombrables messages, mais je n'en ai pas envoyé beaucoup, car en tant qu'opérateur radio, je sentais que la transmission et la réception fréquentes de messages pouvaient alerter la police japonaise de nos activités clandestines. »

Sorge quant à lui a déclaré à Moscou à propos de Bernhard : « En tant qu'opérateur radio, Bernhard me convenait, mais il buvait beaucoup et négligeait souvent ses devoirs de transmission d'informations. L'agent secret doit faire preuve de courage, mais Bernhard était exceptionnellement frileux et n'a même pas envoyé la moitié des messages que je lui ai transmis ».

Fin 1934, Sorge décida finalement que Bernhard devait retourner à Moscou et, au début 1935, un accord fut conclu à propos de son retour en URSS.

En attendant, la situation internationale devint de plus en plus inquiétante.

La plupart des attachés militaires à Tokyo étaient convaincus de l'imminence du conflit nippo-soviétique.

Le début du printemps 1934 fut une période très difficile pour Sorge, atténuée peut-être uniquement par le fait que les époux Ott déménageaient à Tokyo. Tous les renseignements reçus par Sorge en 1934 et pendant six mois en 1935 ont été envoyés en Russie par courrier, car les communications radio contrôlées par Bernhard étaient pratiquement inopérantes.

Mais l'envoi des documents par courrier nécessitait des voyages à Shanghai… Sous la couverture d'un fêtard inconséquent, Sorge est un véritable bourreau de travail. Il lisait tout ce qui lui passait sous les yeux, sillonnait l'archipel et ne tarda pas à devenir l'un des meilleurs connaisseurs occidentaux du Japon.

Ozaki était censé commencer à travailler en mai, mais il était basé à Osaka loin de la capitale japonaise et il n'avait pas encore de contacts étroits dans les cercles du gouvernement japonais au plus haut niveau.

En septembre 1934, le journal *Asahi* invita Ozaki à déménager à Tokyo. Son principal lieu de travail y était un organisme de recherche connu sous le nom de Société pour l'étude des questions de l'Asie de l'Est. Cette organisation venait juste d'être créée sous les auspices du journal *Asahi*. Les recherches de cette société étaient concentrées sur les affaires chinoises, mettant en valeur Ozaki en tant qu'éminent spécialiste de la Chine. À l'époque, il avait même publié sa traduction du livre d'Agnès Smeddy *Fille de la Terre*. Grâce à cette société de recherche, à laquelle ont participé des représentants de l'armée, des départements gouvernementaux et des grandes entreprises, Ozaki a pu développer ses contacts personnels au plus haut niveau.

À Tokyo, Ozaki et Sorge ont commencé à se rencontrer régulièrement, environ une fois par mois. Les réunions avaient lieu dans des restaurants et parfois dans des clubs de geisha haut de gamme. La liste de ces restaurants ressemble au *Guide Michelin* de Tokyo dans les années 1930 ! Le sujet de conversation récurrent entre Ozaki et Sorge pendant l'hiver 1934-1935 était la percée de l'ultranationalisme, déterminant pour les relations du Japon avec la Russie soviétique.

À l'époque le mouvement nationaliste au Japon fut constitué de deux courants – le traditionaliste et le radical. Si ces derniers préféraient une attaque frontale contre les bastions du capitalisme, les deux courants étaient irrémédiablement hostiles au communisme et considéraient l'Union soviétique comme un ennemi naturel de l'État japonais. L'armée s'est battue pour obtenir un contrôle absolu sur la stratégie du Japon, encourageant le nationalisme fanatique.

Dans ce contexte, Sorge a soumis à Moscou un rapport pour la 4e Direction sur sa mission et ses perspectives.

« J'ai fait savoir à Moscou que j'aimerais être convoqué pour des consultations et changer Bernhard pour un meilleur opérateur radio. En mai 1935, j'ai reçu des instructions de Moscou pour rentrer à Moscou sans tarder. »

Cependant, Sorge a d'abord renvoyé Bernhard en Union soviétique via Shanghai et la Sibérie. Et alors seulement, à la fin du mois de juin, il est parti lui-même à Moscou via l'Amérique, emportant avec lui un ensemble impressionnant de matériel de renseignement, y compris un schéma très pointu des forces japonaises massées à la frontière sovieto-japonnaise magnifiquement dessiné grâce au talent de Miyagi. Ces documents étaient des photocopies d'originaux, la plupart sous forme de microfilms.

Les archives russes déclassifiées gardent la description de Sorge en Amérique établie par une femme qui le connaissait bien depuis Berlin dans les années 1920 :

« Ika (Sorge), que nous connaissions auparavant comme un scientifique calme, a clairement changé au fil des années où il a travaillé pour l'Union soviétique. La dernière fois que je l'ai vu à New York en 1935, il est devenu un buveur violent et excessif. Il ne restait plus grand-chose du charme de l'étudiant idéaliste à l'esprit romantique. Pourtant, il gardait toujours une apparence incroyablement attrayante. Mais ses yeux bleus froids, légèrement plissés avec des sourcils épais, conservaient une capacité d'auto-ironie, même quand il n'y avait aucune raison à cela. Ses cheveux étaient encore bruns et épais, ses pommettes et sa bouche triste étaient enfoncées et son nez était pointu. Il avait complètement changé. »

À New York, un agent de liaison du Parti communiste lui a remis un faux passeport. Il s'en expliqua : « Je ne voulais pas que mon passeport original mentionne que j'étais en Russie soviétique ». C'était un vrai passeport autrichien légèrement modifié pour convenir à son nouveau propriétaire. Une photo de Sorge et une description de son apparence y ont été collées. La colonne « nationalité » était « autrichienne » et le nom était « long et farfelu ».

Puis Sorge est parti vers la France. Son départ faillit être compromis au dernier moment car il avait oublié de payer le droit de sortie, ce qui a été découvert par le douanier à bord du navire à moment du départ New York. « Il semblait sur le point de me mettre à terre, mais je lui ai donné cinquante dollars, et l'affaire a été réglée. Les douaniers aux États-Unis sont très flexibles. »

Après la France, le maître espion s'est rendu en Russie via l'Autriche, la Tchécoslovaquie et la Pologne. Au consulat soviétique à Paris, il a reçu un visa d'entrée, suivant la procédure habituelle, « comme tout autre voyageur ».

Et par ce chemin si long et détourné, il a finalement atteint sa destination en train.

Sorge n'est resté en URSS que trois semaines. Ce devait être sa dernière visite dans la capitale soviétique.

Moscou 1935

En juillet 1935, Sorge se présenta immédiatement dans le bureau du nouveau chef de la 4e Direction, le général Uritsky.

Le général Uritsky est né en 1895, la même année que Sorge. Sa carrière rappelle celle de son prédécesseur Berzin. Pendant la guerre civile d'août 1919, Uritsky était « le chef du quartier général opérationnel des services de renseignement de l'Armée rouge », devenant plus tard le commandant d'une brigade de cavalerie. Il s'est forgé une réputation militaire en menant l'assaut contre la rébellion des marins de Cronstadt en mars 1921. Toute sa carrière ultérieure ressemblait à celle de n'importe quel officier supérieur de l'Armée rouge, jusqu'à ce qu'il prenne en 1935 la tête de la 4e Direction de l'armée rouge.

Lors d'une conversation avec Uritsky, Sorge pouvait affirmer en toute confiance, que l'organisation du travail d'espionnage au Japon était tout à fait possible. Il demanda et obtint le consentement de ses supérieurs pour reconnaître Ozaki comme membre à part entière de son groupe. Il a également exigé de remplacer son opérateur radio incompétent Bernhard par Clausen avec qui il avait si bien travaillé en Chine.

Dans le même temps, le maître espion demanda à bénéficier d'une « liberté absolue » dans le développement « de toute relation qu'il jugerait nécessaire » avec l'ambassade d'Allemagne à Tokyo. Le feu vert des hauts dignitaires de l'Armée rouge fut ainsi officiellement donné. Cette décision capitale détruira le mythe futur présentant Sorge comme agent double. Ce que signifiaient les termes la « liberté absolue » peut être compris à partir du témoignage suivant que Sorge a rendu lui-même aux enquêteurs japonais :

« Lors de ma visite à Moscou en 1935, j'ai reçu l'autorisation de fournir à l'ambassade allemande un certain nombre d'informations afin de renforcer ma position. De plus, la décision de savoir quel type d'information à transférer a été laissé à ma discrétion. »

Comme l'écrivait Sorge, les moyens les plus simples de mener un travail d'espionnage au sein de l'ambassade d'Allemagne étaient « la discussion, la consultation et l'étude, ainsi que l'échange d'informations secondaires contre des informations de première importance – en d'autres termes, l'utilisation du sprat pour attraper le maquereau ».

Pendant le séjour de Sorge à Moscou, le septième congrès du Komintern s'est réuni. Sorge voulait y aller mais la direction de l'armée rouge lui a formellement interdit d'assister à ce congrès car il pouvait y être identifié par certains délégués ou observateurs étrangers.

À Moscou, Sorge vivait au centre de la capitale, rue Sadovaya dans une pièce précédemment occupée par l'un de ses amis. Pendant une courte période, il y a repris « une vie familiale » relativement isolée avec sa « femme » russe Catherine. Il fut convenu avec ses patrons qu'après le retour de Sorge au Japon, de courts messages personnels pour Catherine seraient parfois inclus dans les messages secrets envoyés par radio à la 4e Direction.

Les dirigeants du Komintern – Kuusinen et Smolyansky – invitèrent Sorge chez eux, et Manuilsky, trop occupé au Congrès, l'a seulement appelé au téléphone, pour informer Sorge qu'il ne devait en aucun cas apparaître au Congrès.

La vie sociale était alors, selon Sorge, « très limitée ». La seule personne qu'il rencontrait fréquemment était son ancien opérateur radio en Chine, le technicien allemand Max Clausen, car ce dernier devait se préparer à rejoindre le groupe de Sorge au Japon. Après le départ de Sorge de Shanghai, Clausen a passé environ huit mois à Moukden, alors sous occupation japonaise, en menant des séances radio secrètes au dernier étage de sa maison. La couverture de Max Clausen à Mukden était un magasin commercial vendant des motos, des vélos et des accessoires automobiles. Le capital nécessaire au démarrage de sa propre entreprise – deux mille dollars américains – avait été évidemment fourni à Clausen par la 4e Direction de l'armée rouge.

Max et Anna étaient alors bien connus dans la communauté européenne. Max est même devenu secrétaire du club allemand environ six mois après son arrivée à Mukden. Fidèle à son passé de marin du nord de l'Allemagne, c'était un grand homme sociable, aux antipodes des intellectuels, et, à sa manière, très dévoué à sa compagne Anna.

Cependant, les activités de Max Clausen à Mukden ne pouvaient pas être qualifiées comme une grande réussite. Au cours de l'année, il n'a transmis que quinze messages secrets adressés à Moscou et la qualité de l'information était médiocre. Quant au commerce des motos, Clausen n'a pas pu restituer un centime de l'argent investi. Max résumera plus tard dans une explication lucide : « Notre entreprise en Mandchourie a dans son ensemble échoué. »

Max et Anna revenaient à Moscou sur le chemin de fer transsibérien avec des billets achetés pour Berlin, en partie parce que, de l'avis de Max, cela les aiderait à sortir de la Mandchourie avec moins de problèmes, et en partie pour des raisons personnelles : pour calmer Anna, qui avait peur de se retrouver à nouveau sur le territoire soviétique. Elle était une anti-communiste convaincue et à l'époque, elle ne savait pas que Max travaillait pour les Soviétiques.

De retour à Moscou, Max a été immédiatement convoqué à la 4e Direction. Les nuages se sont épaissis au-dessus de lui. Sa situation s'est aggravée car ses bagages ont disparu à l'hôtel de Moscou. Anna a affirmé plus tard qu'elle avait été droguée et qu'on avait ainsi réussi à voler son passeport.

En attendant, la 4e Direction a conseillé à Max de partir immédiatement avec Anna à Odessa au bord de la mer Noire afin de se reposer. Avant leur départ, ses bagages ont été finalement apportés à la 4e Direction et remis à Clausen, ce qui laisse penser que les services secrets soviétiques voulaient vérifier les effets personnels de ce couple.

À Odessa, Max et Anna se sont installés dans une villa de campagne située sur la côte de la mer Noire, à environ une heure de tramway du centre-ville. La villa se composait de dix pièces et pouvait donc, selon les conditions soviétiques, accueillir cinquante ou soixante personnes. Max allait pêcher tous les jours, errant triste et seul le long du bord de mer. Mais une ou deux fois, ils sont allés ensemble à Odessa pour écouter l'opéra.

Les vacances ont duré six semaines et de retour à Moscou, il a été affecté à l'école de radio des renseignements militaires, où son principal travail était d'aider à créer des stations de radio portables. Max était très compétent et sa présence à l'école était utile à tous égards.

Puis, d'une manière assez inattendue, au début de 1934, Max reçut l'ordre de quitter Moscou pour la République allemande de la Volga. On lui a délivré des documents de voyage au nom de Rothman – son propre passeport était resté à la 4e Direction – et il partit comme réparateur dans une station de machines et de tracteurs. Max a affirmé plus tard qu'il avait été expulsé à cause ses mauvaises performances en Mandchourie. Cependant, il a sans doute été sanctionné en raison de sa liaison avec Anna connue pour ses convictions anti-soviétiques. Et en effet, encore en Mandchourie, il a suscité le mécontentement de ses supérieurs à Moscou en rejetant l'offre de revenir seul en Russie.

Max s'est rendu à la Volga blessé par l'attitude de la 4e Direction. Dans cette période, il a dû traverser des moments difficiles car le salaire d'un réparateur à la station de tracteurs était loin d'être suffisant pour une vie normale. Mais très vite, les circonstances ont changé – lorsque les supérieurs de la station ont reconnu la capacité technique extraordinaire de Max : on lui a confié le travail d'installation de stations de radio dans les fermes, en lui demandant de donner un cours sur les communications radio pour les ouvriers agricoles. Pendant un certain temps, il a même réussi à se forger une réputation enviable de propagandiste politique. Ses perspectives semblaient encore plus prometteuses lorsqu'il fut remarqué par un haut fonctionnaire de la capitale de la République allemande de la Volga.

Au printemps 1935, Max reçut un télégramme lui ordonnant de retourner à Moscou. Mais il n'a pas répondu aux deux télégrammes suivants qui lui ont été adressés, plus impératifs dans leur contenu.

Pour le moment, il était autorisé à vivre tranquillement et paisiblement sur les rives de la Volga. En avril, le chef du Parti communiste local apparut en personne devant Max, agitant un nouveau télégramme signé du maréchal Vorochilov, lui précisant qu'il devrait immédiatement se rendre à Moscou.

Max dut obéir. Il partit pour Moscou sans Anna, armé d'une lettre de recommandation du comité du parti adressée à la 4e Direction de l'Armée rouge.

À Moscou, on demanda aussitôt à Max pourquoi il avait ignoré deux télégrammes l'appelant à Moscou. Max répondit que, d'une part, sa vie sur la Volga « a atteint la stabilité économique et sociale » et d'autre part, qu'il voulait simplement saisir cette occasion pour protester contre son exil. On lui promit de régler le problème et on répondit positivement à sa demande d'emmener Anna, qui restait toujours dans la région de la Volga.

De retour à Moscou avec Anna, Max, avec l'aide de la 4e Direction, acheta une maison dans la banlieue de Moscou. Lors du défilé du 1er mai 1935, on pouvait même voir Max Clausen marcher sur la Place Rouge à la tête d'un petit groupe de jeunes Chinois. Il s'agissait des cadets, les auditeurs d'un cours spécial de la branche de l'école de radio, créé exclusivement pour les communistes chinois.

Mais le lendemain, on lui proposa de rejoindre le groupe de Sorge au Japon.

Sorge et Clausen se sont rendus au Japon séparément. Le premier est parti à la fin du mois d'août 1935 et le second en septembre.

Tous deux ont reçu un briefing d'adieu du général Uritsky, qui leur a rappelé l'objectif principal de leurs activités d'espionnage : fournir une analyse précise des intentions japonaises envers l'Union soviétique.

Le général a posé une seule question : « Le Japon envisage-t-il de lancer une attaque, et si oui, quand ? »

Il a précisé à Sorge que sa première tâche était « d'empêcher une guerre entre le Japon et l'Union soviétique. C'était une question d'une importance capitale pour tous les dirigeants de Moscou. »

Il a aussi demandé de suivre de près l'évolution des relations nippo-allemandes car le Kremlin était convaincu qu'il y avait entre les deux pays un rapprochement dirigé contre l'Union soviétique.

D'abord, il s'était rendu en Hollande pour visiter la rédaction de son journal d'Amsterdam. Il y a détruit son faux passeport au nom d'un citoyen autrichien.

Puis il est parti pour les États-Unis, en utilisant son vrai passeport, sans oublier de rendre visite à son tailleur à New York.

Sorge revint à Tokyo à la fin de septembre 1935. Curieusement, les autorités japonaises semblent avoir manifesté peu d'intérêt pour son voyage de Moscou en 1935.

Son opérateur radio Max Clausen partit de Leningrad au Havre, où il prit un autre paquebot à destination de New York. Sa compagne Anna resta à Moscou mais Max n'avait pas caché son intention de l'emmener avec lui au Japon.

La 4e Direction fournit à Max les fonds nécessaires et deux passeports, italien et canadien, en plus du sien. Il a traversé l'Atlantique à bord du navire américain Boston. Au consulat de New York, il a présenté son passeport allemand. Selon les instructions reçues, il a habité l'hôtel Lincoln, où il a reçu la visite d'un messager de Moscou apportant de l'argent. Pourtant, Max a paradoxalement refusé de nouveaux subsides.

Lorsqu'il avait quitté Moscou, la 4e Direction lui avait donné 1 800 dollars et ses dépenses n'étaient pas très élevées. Le 14 novembre, Max Clausen monta à bord du Tatsuta-maru à San Francisco en tant que passager, et deux semaines plus tard, le 28 novembre, il a débarqué à Yokohama. Il n'y avait pas d'émetteur radio dans ses affaires, mais il s'est arrangé pour lui faire passer en contrebande deux tubes à vide. Il a acheté d'autres composants radio déjà au Japon.

Avant de se séparer à Moscou, Sorge a dit à Clausen qu'il devrait se présenter au bar Blue Ribbon à Tokyo tous les mardis soir. Le 28 novembre 1935, jour de l'arrivée de Clausen au Japon, était un mardi.

Le lendemain soir, Max est allé au club allemand de Tokyo, où il a rencontré Sorge. Cependant, lors de cette rencontre, ils n'ont réussi à échanger que quelques phrases car il y avait trop de monde autour. Ils ont toutefois réussi à prendre quelques minutes pour discuter en privé dans la bibliothèque, où ils convinrent de se retrouver le lendemain au bar Blue Ribbon à six heures du soir.

Pendant ce temps, sa compagne Anna à Moscou était livrée à elle-même. Sa situation était devenue incertaine. La 4e Direction, lui a interdit des contacts avec l'extérieur. Ainsi, étant sous surveillance constante, Anna a dû vivre complètement seule tout l'automne et l'hiver.

Après son retour de Moscou, la principale préoccupation de Sorge était d'assurer la fiabilité « la couverture » de Clausen permettant de mettre en route sa station de radio. En décembre, Sorge présenta Max à son assistant yougoslave Vukelich suggérant de mener les séances radios depuis la maison de ce dernier. (Il vivait alors seul – sa femme Édith est brièvement retournée chez elle au Danemark, et Max a choisi deux chambres au deuxième étage, appropriées à cet effet).

Pourtant, la première émission de radio ne fut pas menée de la maison Vukelich, mais de la maison de Gunther Stein, un journaliste représentant les journaux londoniens News Chronicle et Financial News.

Interrogé par la police japonaise, Max Clausen a affirmé que Gunther Stein était membre du groupe de Sorge, tandis que Sorge lui-même décrit Stein comme « un sympathisant » plutôt qu'un véritable membre actif de son groupe. Avant de quitter le Japon au début de 1938, Stein a rendu quelques services à Sorge et à ses collaborateurs.

Pendant ce temps, le danger rôdait autour du groupe de Sorge : le 21 janvier 1936, la police spéciale arrêta un certain Kawai Tekichi. Il avait loué une chambre dans la banlieue de Tokyo à un ami, aventurier d'extrême droite, et fourni à Miyagi et Ozaki des informations sur le mouvement ultra-nationaliste.

La police apprit qu'il avait fréquenté la Ligue de lutte sino-japonaise, une organisation d'agitation et de propagande dirigée par le Parti communiste chinois.

Comme il l'écrivit dans son livre, « si pendant les interrogatoires, j'avais dit ne serait-ce qu'un mot sur Ozaki, Sorge ou mon travail au Japon, le groupe Sorge aurait été découvert dès 1936. Mais alors, Sorge et Ozaki auraient probablement échappé à la peine de mort».

Après sa sortie de prison, Kawai est resté sur le continent pendant plusieurs années et ses liens avec le groupe Sorge ont pratiquement cessé. Il ne retourna au Japon qu'en septembre 1940.

À l'époque, des événements dramatiques ont secoué le Japon.

Le 16 juillet 1935, le général Mazaki, héros de la faction radicale Kode – « Route impériale » –, est contraint de démissionner du poste d'inspecteur général de la formation militaire. Sa démission a fait sensation, et bientôt Tokyo a été remplie des rumeurs d'un coup d'Etat imminent: les jeunes miliaires nationalistes appelés «des têtes brûlées» n'acceptaient pas cette éviction.

Parmi les personnes touchées par ces purges se trouvait le colonel Aizawa, qui s'était rendu spécialement à Tokyo pour protester. Au ministère de la Défense, il avait retrouvé le chef du bureau des affaires militaires, le général de division Nagata, en charge des nominations dans l'armée. Aizawa avait l'intention de le tuer s'il refusait de l'écouter. Cependant, une conversation animée entre eux se termina par l'exigence de la démission de Nagata. Bien entendu, ce genre de dérapage verbal ne pouvait rester impuni. Il n'est donc pas surprenant que deux semaines plus tard, le colonel Aizawa ait été informé qu'il était affecté à un régiment basé à Formose.

Il est alors retourné à Tokyo et s'est rendu directement au ministère de la Défense. Il parcourut le couloir et atteignit le bureau de Nagata. Aizama ouvrit la porte et tira son épée. La première frappe rata la cible.

« J'ai honte, a déclaré Aizawa, au tribunal militaire, de ne pas avoir réussi à tuer ce général félon dès le premier coup. »

Le meurtre était une tradition japonaise. Mais l'assassinat d'un général par un officier subalterne était un acte gravissime. Tout le monde savait que cet incident était le symptôme de ce qu'on appelait « gekokiyo » : le renversement de l'aîné par le plus jeune, le plus haut par l'inférieur ». Cette expression, utilisée pour la première fois pour décrire l'anarchie féodale du XVe siècle, semble bien rappeler la situation de l'armée japonaise, avec ses jeunes officiers politiquement actifs, menaçant les chefs militaires et civils.

Sorge a donc retrouvé un pays instable, brisé par un enchaînement de violences imminentes.

Quand Ozaki et Miyagi lui expliquèrent les raisons du meurtre, Sorge s'attendit à d'autres effusions de sang.

Le tribunal militaire qui jugeait le colonel Aizawa siégeait dans la caserne de la Première Division à

Tokyo. L'affaire connut une large publicité dans la presse, transformant la défense de l'officier en combat pour ses idées. Aizawa a obtenu un véritable succès médiatique, se présentant comme un patriote japonais désintéressé, préoccupé uniquement du sort du pays, luttant contre la corruption et la trahison dans les plus hautes sphères du pouvoir.

Cette affaire a bouleversé de nombreux jeunes officiers nationalistes et, en janvier, la police a découvert une conspiration prévoyant d'assassiner des membres du cabinet des ministres.

Ozaki et Miyagi ont continué à fournir à Sorge des informations sur cette affaire. Sorge n'a pas été alors très surpris par la révolte de l'armée qui a éclaté le 26 février. Pourtant ce qui s'est passé au cours des trois jours suivants aurait pu dérouter même un observateur expérimenté.

À l'aube, au moment des fortes chutes de neige, 1400 soldats ont quitté la caserne, commandés par des officiers subalternes. Les rebelles occupaient plusieurs bâtiments dans le quartier gouvernemental de Tokyo, y compris le ministère de la Défense, le siège de la police et le parlement. Parmi les premières victimes de la révolte se trouvaient deux anciens premiers ministres, et le premier ministre en exercice a échappé de peu à la mort.

Les jeunes putschistes ont publié un manifeste en termes assez vagues, tout en restant très passif. Ils attendaient que des généraux nationalistes influents reprennent les affaires de l'État. Au début le gouvernement était aussi étrangement inerte. Mais dans la soirée du 26 février, une déclaration signée par le ministre de la Défense fut enfin publiée. On n'y parla pas des « rebelles », mais seulement des « jeunes officiers des troupes régulières ». Le lendemain, les négociations avec les rebelles ont commencé par une réunion entre plusieurs généraux et de jeunes officiers. Dans le même temps, des troupes fidèles au gouvernement ont été amenées dans la capitale, les marins de la première flotte ont encerclé la ville, des chars furent installés le long des rues couvertes de neige.

Deux jours plus tard, le 29 février, les officiers rebelles et les soldats se rendirent sans tirer un coup de feu.

Sorge fut impressionné par cette tentative étonnante de coup d'État. « Notre groupe d'espionnage a déclaré Sorge, considérait l'enquête sur cet incident comme l'un de ses principaux objectifs. »

Le général Watanabe, successeur de Mazaki comme inspecteur général de la formation militaire, allait devenir la principale cible. Et il fit en effet partie des personnes tuées le 26 février. Dans sa « confession », Sorge écrivait avec une grande perspicacité à ce propos :

« Cet incident avait un caractère typiquement japonais et ses motivations nécessitaient donc une étude spéciale. L'analyse de ces événements était plus importante pour comprendre la société japonaise que de simples données sur l'effectif des troupes ou même la collecte des documents secrets. »

Sorge a consacré au moins trois rapports différents à l'analyse de l'incident du 26 février : un pour le ministère allemand des Affaires étrangères, un autre pour le bureau du renseignement militaire à Moscou et le troisième sous la forme d'un long article dans le magazine prestigieux *Zeitschrift fur Geopolitik*, de Haushofer.

Le rapport à Berlin a été rédigé sous l'instigation persistante de l'ambassadeur d'Allemagne. Sorge raconta lui-même :

« Lors de conversations avec l'ambassadeur Dirksen, j'ai souligné à maintes reprises les racines sociales des événements du 26 février... En conséquence, j'ai réuni une multitude de documents sur cet événement Mon opinion a donc influencé la position prise par l'ambassade allemande. »

Cependant la première préoccupation de Sorge était de préparer un rapport pour Moscou. L'intérêt soviétique pour l'insurrection de février pourrait s'exprimer dans une série de questions adressées à Sorge de la part de ses patrons du renseignement militaire soviétique :

« Dans quelle mesure cette explosion reflète-t-elle le profond ressentiment du pays dans son ensemble ?

Quels étaient les objectifs, économiques et politiques, des jeunes officiers ?

La rébellion entraînera-t-elle un affaiblissement du pouvoir et une diminution du prestige de l'armée japonaise ?

Quel impact cet événement aura-t-il sur l'orientation de la politique étrangère japonaise ? Va-t-il exacerber ou modérer les sentiments anti-soviétiques au Japon ? »

Et Sorge a bien sûr adressé à Moscou des réponses à ces questions.

Dans le récit documentaire de l'incident, il a inclus des informations tirées de son article dans *Geopolitik*. Il a notamment transmis à Moscou des informations sur l'encerclement des rebelles par des unités de la marine dans la zone du ministère des Affaires étrangères, mettant en exergue les tensions entre l'armée et la marine. L'un des secrets les mieux gardés était en effet le véritable rôle joué par les marins qui soutenaient l'empereur face à la mutinerie.

Naturellement, Sorge a discuté avec Ozaki et Miyagi de la signification sociale et idéologique de la rébellion. Avec leur aide, il a compris par lui-même l'essence du livre interdit *Nihon Kaizo Hoan Taiko* – Essai sur la reconstruction du Japon –, qui est devenu la bible des jeunes officiers. Son auteur, Kita Ikki, a participé activement à la mutinerie de février et devait en conséquence être exécuté avec d'autres instigateurs de ce coup d'Etat. L'impérialisme, basé sur la déification de l'empereur et le socialisme d'État, était l'élément principal de l'évangile de Kita. Ses idées, malgré toute sa loyauté envers l'empereur et l'armée impériale, portaient des signes évidents de l'influence du marxisme. C'est la raison pour laquelle le livre dans sa forme originale a été interdit pendant plusieurs années.

Plus tard, au cours de la dernière phase de la guerre du Pacifique, le prince Konoe a déclaré à l'empereur lors d'une audience privée que les jeunes officiers radicaux des années trente, « consciemment ou non, étaient un instrument du communisme international ».

C'est Ozaki qui a pertinemment expliqué à Sorge le lien entre la rébellion et les difficultés économiques du Japon rural. Miyagi a néanmoins conclu que « l'insurrection de février sera un tournant menant à une réorientation décisive des Japonais : l'armée devient la force dirigeante du pays ».

C'est exactement ce qui s'est passé. Les chefs militaires japonais ont profité de ces événements pour imposer leur volonté au gouvernement. Le général Terauchi, porte-parole de la victoire, était désormais célèbre. Il devint ministre de la Défense dans la nouvelle administration, imposant les choix stratégiques du pays.

Ozaki pensait que désormais la politique étrangère japonaise deviendrait plus anti-russe. Miyagi porta une analyse plus nuancée. Il fit valoir que le Japon adhérerait à une politique de réconciliation à l'égard des pays étrangers. Cela signifiait qu'il fallait s'attendre à une attaque contre la Chine plutôt que contre la Russie.

Dans son rapport à Moscou, Sorge penchait du côté de l'opinion de Miyagi. L'essence de ce document a été décrite par Sorge comme suit : « Le gouvernement japonais pouvait choisir entre deux voies après les événements du 26 février. Il pouvait soit opter pour des réformes sociales, tout en renforçant la discipline dans l'armée, soit adopter une politique d'expansion permanente. »

Les mousquetaires de l'espionnage

En 1936, Sorge renforça son influence à l'ambassade allemande, devenant un conseiller officieux de l'attaché militaire, le colonel Ott. Il se vit même attribuer un bureau à l'ambassade. Il s'agissait manifestement d'une décision prise avec l'aval des services secrets allemands. Quand l'ambassadeur lui montrait des documents secrets, Sorge ne pouvait pas les emporter dans son bureau pour les copier ou les photographier. Tout ce qu'il pouvait faire était de mémoriser leurs principaux points, puis de les coucher par écrit et les envoyer à Moscou. D'autres membres de l'ambassade l'ayant approché pour obtenir des conseils, il demandait souvent l'autorisation d'emporter les documents secrets pour « les étudier de plus près ». Alors, il pouvait en photographier certains extraits minutieusement sélectionnés.

Sorge a également été invité à devenir le chef de la branche locale du parti nazi.

Le maître espion n'avait pas l'intention d'accepter ce poste, mais il n'a pas manqué de mentionner cette proposition dans une conversation avec Ott. L'idée que Sorge pouvait se retrouvait à un tel poste amusait à la fois Dirksen et Ott. Ce dernier lui a d'ailleurs conseillé en plaisantant d'accepter l'offre, car « le parti nazi aurait au moins un Führer sain d'esprit ».

Après les événements de février, Ott suggéra à Sorge de déclarer que l'ambassadeur avait appris d'une source de l'état-major japonais l'organisation de négociations germano-japonaises à Berlin. Le ministère allemand des Affaires étrangères ne participa pas aux négociations, mais les rôles principaux furent joués par Ribbentrop et Oshima, l'attaché militaire japonais à Berlin, et l'amiral Canaris, le chef du renseignement militaire allemand.

Ott demanda à Sorge de l'aider à rédiger un télégramme adressé à l'état-major de l'armée allemande à Berlin, sollicitant des informations sur les négociations.

Il n'y eut aucune réponse de Berlin et Ott en fut très ennuyé. Il en informa l'ambassadeur Dirksen qui lui ordonna de réitérer sa demande en utilisant un code de l'armée, toujours à l'aide de Sorge.

Enfin, une réponse est venue de l'état-major de l'armée allemande confirmant que les négociations étaient en cours, mais dans le plus grand secret car « il était très important que les politiciens ne les découvrent pas ».

Sorge en apprit davantage grâce au Dr Hack, un homme d'affaires allemand agissant en tant qu'agent non officiel de Ribbentrop au début de ces négociations. Au printemps 1936, Hack a effectué une visite confidentielle à Tokyo au nom de Ribbentrop et de l'amiral Canaris.

Le Dr Hack est arrivé à Tokyo pour aider à créer une atmosphère favorable à la conclusion de l'alliance germano-japonaise. Au début, il était très réticent à parler du véritable but de sa visite. Cependant, il est devenu moins méfiant lorsqu'il apprit que le colonel Ott avait déjà reçu des informations qui provenaient des hautes autorités militaires allemandes. Hack a alors averti Ott que l'affaire était top secret, soulignant que l'Allemagne pourrait entrer dans une situation délicate si les rumeurs de ces négociations atteignaient... les Russes. Il affirma qu'on pouvait s'attendre à une forte résistance à la conclusion de l'alliance prévue au sein du ministère allemand des Affaires étrangères « puisque Ribbentrop n'est pas encore ministre des Affaires étrangères ».

L'insistance de Hack à maintenir un secret absolu était compréhensible. Il a dit à Sorge que « les agents soviétiques surveillaient constamment les maisons de Ribbentrop, Canaris et du général Oshima ».

Pendant ce temps, à Berlin, l'ambassadeur Dirksen découvrit que le personnel du ministère des Affaires étrangères ne semblait pas être au courant des négociations confidentielles germano-japonaises.

De retour au Japon à la fin de l'été, l'ambassadeur a déclaré à Ott que seule l'ambassade du Japon à Berlin avait entendu des rumeurs sur ces tractations. Dans le même temps, à Berlin, Dirksen rendit visite à Ribbentrop, qui lui donna quelques détails.

Dirksen était enthousiaste à l'idée de conclure un pacte anti-Komintern. Ce pacte militaire fut signé le 25 novembre 1936. Selon la formule de Sorge, ce fut « une entreprise risquée lancée par Oshima et Ribbentrop pour satisfaire leurs ambitions personnelles ».

En effet, le préambule de ces articles inédits déclarait que le gouvernement soviétique – non mentionné nommément dans le texte publié – faisait de son mieux pour promouvoir les objectifs du Komintern et « entend utiliser son armée pour atteindre ces objectifs ». Cependant, les articles eux-mêmes n'allaient pas au-delà de l'engagement pris par l'Allemagne et le Japon de se consulter si l'une des parties devenait la cible d'une attaque soviétique ou d'une menace d'attaque non provoquée. Un engagement de ce genre était très loin d'une alliance militaire.

Sorge transmit aux Russes que les dispositions secrètes du pacte anti-Komintern ne menaçaient guère la sécurité des Soviétiques.

Cependant, le facteur le plus important était la paranoïa de Staline. En 1936, Berzin, l'ancien patron de

Sorge, était en disgrâce, et le dictateur rouge commença à avoir des soupçons contre son protégé à Tokyo.

L'inquiétude au Kremlin n'a pas diminué, même après avoir reçu de Sorge des photocopies de deux dépêches rédigées à l'ambassade d'Allemagne à Tokyo presque en même temps qu'était signé le pacte anti-Komintern. Pourtant, après ces dépêches sur le pacte anti-Komintern, le 4ème Directoire avait toutes les raisons d'apprécier le travail de Sorge.

Maintenant, il lui fallait prévoir la suite exacte des négociations germano-japonaises. Ainsi, à l'automne 1936, des informations précieuses lui vinrent d'Ozaki. Elles étaient fondées sur ses propres sources dans son journal *Asahi*. Pour lui, il n'y avait pas de doute : cette fois-ci il s'agissait d'une alliance militaire entre les deux pays.

Au cours de 1936, la position d'Ozaki fut considérablement renforcée puisqu'en été, il assista en tant que membre de la délégation japonaise à la conférence de l'*Institute of Pacific Relations*, tenue à Yosemite, en Californie. Cette invitation à se joindre à une délégation dirigée par l'ancien ministre des Affaires étrangères Yoshizawa Kenkichi était une reconnaissance de son statut de grand spécialiste des affaires chinoises.

Lors d'un voyage en Amérique, Ozaki avait partagé une maison avec un jeune homme qui est devenu plus tard un ami proche. C'était Sayonji Kinkatsu, secrétaire de la délégation japonaise, petit-fils du vénérable prince Sayonji. Peu de temps après son retour à Tokyo, Ozaki a été invité à une cérémonie du thé à l'hôtel impérial en l'honneur de la délégation japonaise. Sorge y était également présent. Ce dernier et Ozaki ont été officiellement présentés l'un à l'autre par le troisième invité. C'est ainsi qu'Ozaki découvrit que l'étranger qu'il connaissait bien sous le nom de « Johnson » s'appelait en réalité « Dr Sorge ».

Il y a un mythe selon lequel Sorge et Ozaki se sont rencontrés presque quotidiennement, discutant dans le hall de l'Imperial Hotel. En réalité, c'était l'endroit que Sorge évitait, puisque le bar et le hall de l'Impérial grouillaient toujours de policiers et d'espions.

Durant cette période, les relations d'Ozaki avec des personnes de l'entourage du futur premier ministre prince Konoe sont devenues plus intenses.

Ushiba, camarade de classe d'Ozaki, s'est retrouvé parmi les secrétaires personnels de Konoe. L'amitié entre Ozaki et Ushiba, qui s'était développée pendant le voyage en Amérique fut renforcée même après le retour de la délégation au Japon.

Mais le plus important au cours de cette période était l'amitié d'Ozaki avec le secrétaire en chef du cabinet de Konoe, Kazami Akira. Ozaki avait fait la connaissance d'Akira grâce à une organisation connue sous le nom de *Sewa Research Society.* Cette énigmatique société avait été fondée en novembre 1936 par des amis et admirateurs du prince Konoe, et son objectif principal était d'élaborer des recommandations sur les problèmes de politique intérieure et extérieure du Japon afin que Konoe puisse avoir une opinion informelle mais sûre de l'actualité.

Akira était le personnage clé de la politique japonaise. C'était un personnage affable et obscur, « en dehors son temps », selon Sorge, semblant sortir des tripes même du Japon éternel. Parmi ses amis et admirateurs, on pouvait trouver des gens de presque toutes tendances, des intellectuels conservateurs aux personnalités socialistes.

Ozaki ne pouvait pas trouver une meilleure source d'informations car il faisait partie du cercle étroit des amis de Konoe.

En l'été 1938, Ozaki fut invité à devenir consultant du Cabinet.

Mais un autre membre ce groupe de l'espionnage soviétique, l'artiste Miyagi, ne chômait pas non plus. Tout au long de cette période, de la mutinerie de février 1936 à la guerre de Chine à l'été 1937, il fournissait régulièrement à Sorge un flux d'informations confidentielles sur un vaste éventail de questions : économiques et sociales, politiques et militaires. Ses rapports s'appuyaient sur des informations provenant de sous-agents, de ses propres observations et de ses lectures

Durant la première moitié de 1937, Miyagi remit à Sorge un important rapport sur le déploiement des troupes japonaises à la frontière nippo-soviétique dans la région de l'île de Sakhaline, ainsi qu'une carte indiquant l'emplacement des camps militaires et des casernes. L'été de la même année, il parvint à transmettre à Sorge un rapport sur la structure des services spéciaux de l'armée japonaise. Mais le rapport de Miyagi sur les services spéciaux à Harbin et en Mandchourie a été particulièrement intéressant pour la 4ème Direction de l'Armée rouge, car il a pu y décrire des agents recrutés par les Japonais afin d'être envoyés en Russie. C'est dans ce contexte que le général Semyon Uritsky, qui succéda à Berzin à la tête de la 4ème direction, donna l'ordre à Sorge et à toute son équipe de rentrer à Moscou. A priori, les agents n'avaient aucune raison de se méfier. Sorge savait que son nouveau chef appréciait leur travail. Pourtant, il avait entendu plusieurs rumeurs indiquant que, malgré tout, on se méfiait de lui. Il n'ignorait pas non plus qu'à Moscou, l'atmosphère était de plus en plus étouffante. Il décida donc, pour la première fois, d'ignorer l'ordre qui lui a été donné.

Salutaire intuition : c'était le début des grandes purges staliniennes et bien peu furent épargnés. En quelques mois, 1,5 millions de citoyens soviétiques furent arrêtés et près de 700 000 exécutés pour « sabotage » ou « activité contre-révolutionnaire ». L'armée et les services de renseignement étaient particulièrement visés :

la majorité des maréchaux, des généraux et des colonels furent arrêtés ou exécutés. Le 4ème Direction a été décimée, Staline qualifiant les espions soviétiques de « saboteurs, d'assassins et d'agents fascisto-trotskistes infiltrés ». Parmi ceux qui étaient en poste à l'étranger, beaucoup choisissent de s'évanouir dans la nature.

Sorge mesurait-il l'ampleur de la purge ?

En tout cas, son choix de ne pas rentrer à Moscou était le bon : tous les disparus furent impitoyablement traqués comme traîtres et abattus les uns après les autres. Uritsky fut congédié, Berzin reprit la direction du Département et fut limogé à son tour. Tous deux finirent fusillés et la chasse aux sorcières ne s'arrêta pas là : entre 1937 et 1939, les renseignements militaires soviétiques verront défiler six chefs, dont cinq seront exécutés.

Le vent tourne : Moscou, la grande terreur

En 1936, alors que la France s'enthousiasme pour le Front populaire, Moscou prépare une série de procès à grand spectacle en vue de persuader les opinions intérieure et internationale de l'authenticité d'un complot antisoviétique matérialisé par la « trahison » de la vieille garde bolchevique. Pour ce simulacre de justice, les accusés, interrogés sans relâche, avoueront tout ce que leurs tortionnaires exigeront d'eux. Presque tous les leaders « historiques » de la Révolution russe de 1917, du Kommintern et du gouvernement Lénine seront supprimés. Seuls survivront ceux qui sont précisément aux manettes : Staline, Molotov et Kalinine.

Le procureur général Andreï Vychinski, personnage particulièrement servile et cynique, va mener trois grands procès : celui des Seize, dit du « Centre terroriste trotskiste-zinoviéviste » se déroule du 19 au 24 août 1936. Grigori Zinoviev et Lev Kamenev, avec quatorze co-accusés, répondent de terrorisme, de sabotage, de l'assassinat du dirigeant de Léningrad Kirov et autres exactions. Condamnation à mort et exécution dans les vingt-quatre heures pour tous. Filmés en continu à l'intention de la planète entière, on a vu des accusés au cerveau lavé débiter comme des automates des aveux complaisants et interminables programmés par leurs exécuteurs.

Les scénarii sont toujours les mêmes. Procès généralement à huis clos. Et lorsqu'ils sont publics, c'est avec des accusés brisés physiquement et moralement qui, tels des boucs mornes et soumis, promis à l'égorgement, n'ont plus qu'à confesser des péchés aussi imaginaires qu'apocalyptiques : tentatives d'assassinat de Staline, de restauration du capitalisme, complot contre la puissance économique et militaire du pays, sabotages par le biais d'empoisonnement des ouvriers, espionnage et accords secrets de démembrement du territoire avec des puissances étrangères Alexandre Chliapnikov, figure de proue de l'Opposition ouvrière au sein du parti bolchevik, sera l'exception à la règle. Arrêté en 1935, résistant aux tortures, il sera fusillé sans procès le 3 septembre 1937, sans avoir rien renié de ses convictions ni rien avoué.

Le deuxième procès, celui des Dix-sept, dit du « Centre antisoviétique trotskiste de réserve », s'ouvre le 23 janvier 1937. Les accusés sont pour la plupart des hauts responsables économiques. Le plus important est Gueorgui Piatakov, administrateur et organisateur de l'industrie soviétique. Mêmes charges que pour le premier procès, auxquelles s'ajoute un complot politique mené avec l'Allemagne nazie visant à la destruction de l'Union soviétique. Douze exécutions le 30 janvier 1937. Huit à dix ans de camp pour les autres.

Le troisième procès, celui des Vingt et un, dit du « Bloc des droitiers et des trotskistes antisoviétiques », a lieu du 2 au 13 mars 1938. On y retrouve notamment le protecteur de Sorge Nikolaï Boukharine, intellectuel révolutionnaire de premier plan, chef de l'Internationale communiste et patron de presse, Alexeï Rykov, ancien président du conseil des commissaires du peuple, Guenrikh Iagoda, l'implacable patron du NKVD de 1934 à 1936, ainsi que le médecin Christian Rakovski. Chefs d'accusation : conspiration visant à assassiner Staline, à détruire l'économie ainsi que la puissance militaire de l'URSS. Espionnage au profit de l'Allemagne, de la France, du Japon et du Royaume-Uni.

Verdict : dix-huit condamnations à mort. Quinze à vingt-cinq ans de prison pour les autres. Et enthousiasme de la *Pravda* qui annonce que la décision de la Cour a été accueillie « par de nombreuses manifestations de joie populaire ». Deux principes permettent de saisir le mécanisme de la terreur selon lequel personne n'est à l'abri d'une arrestation, tandis que les journaux aux ordres témoignent de la ferveur populaire.

En premier lieu, la technique de l'enchaînement. Au cours du procès, le procureur général fait avouer aux inculpés qu'ils sont liés à « d'autres criminels », puis ordonne d'ouvrir une nouvelle enquête sur « la conspiration fomentée par les personnes citées ». La chute d'un hiérarque entraîne alors, par effet domino, celle de centaines de ses fidèles. Des relations familiales, ou même amicales, avec une personnalité désignée comme « ennemi du peuple » rendent automatiquement suspect. La responsabilité collective des familles, y compris des enfants, est légalisée et la peine de mort devient applicable à partir de l'âge de douze ans.

En second lieu, la technique du répit. Manipulateur hors pair, Staline aime entretenir le suspense, jouer au chat et à la souris avec ses victimes. Ainsi, par exemple, téléphonait-il à certains hauts dirigeants au moment même où les hommes de la police secrète fouillaient leur domicile. Feignant l'étonnement, il les encourageait à les jeter dehors.

Pour Boukharine, œuvrant avec le plus grand sadisme, il a calculé une très lente agonie, ménageant des mois de sursis et d'exténuante angoisse avant de l'exclure du parti et de le jeter en prison. Il le soumit à un régime de douche écossaise, faisant alterner les gestes d'apaisement avec les accusations de trahison portées contre lui dans des procès-verbaux qu'on lui fait apporter à domicile.

Au premier congrès des écrivains soviétiques, en 1934, Boukharine a senti venir le vent. Prononçant un remarquable discours de trois heures, il fut salué par d'interminables ovations. C'est alors que, le visage décomposé, il retourna à sa place en disant à ses collègues : « Vous avez signé ma condamnation à mort ». Trop de popularité faisait de l'ombre au tsar rouge.

Arrêté en août 1936, Boukharine va faire l'objet d'une instruction ouverte par la Procureure de l'URSS. L'enquête diligentée contre lui n'apportant aucune preuve tangible, la machine judiciaire va momentanément rester au point mort. Boukharine est toujours rédacteur en chef des *Izvestia*, le journal gouvernemental, mais ses communications téléphoniques sont écoutées, son courrier épluché, sa famille et lui font l'objet de constantes filatures.

C'est alors que Staline s'offre un petit plaisir pervers. Aux fêtes traditionnelles du 7 novembre 1936, sur la Place Rouge, Boukharine et sa jeune et ravissante femme de vingt-quatre ans sont dans la foule quand un garde se dirige vers eux. Il les salue et dit : « Le camarade Staline m'a demandé de vous informer que vous n'êtes pas ici à votre place et il vous prie de monter sur le mausolée. »

Or, dès le lendemain, la machine se remet en route par le biais de nouveaux témoignages à charge de la part d'accusés soumis aux persécutions du NKVD. La signature de Boukharine disparaît de la presse. Désespéré, il décide d'engager une grève de la faim. Étant encore membre des instances supérieures soviétiques, il sera entendu par Joseph Staline en personne, Viatcheslav

Molotov, ainsi que Lazare Kaganovitch, membre du politburo – l'un des acteurs majeurs des purges staliniennes. « Staline : – Nikolaï Ivanovitch, contre qui ta grève de la faim est-elle dirigée ? Le Comité central ? Tu es complètement squelettique ! Demande qu'on te pardonne cette action. Boukharine : – Pourquoi ? De toute façon, vous vous apprêtez à m'exclure du parti. Staline : – Personne ne t'exclura ! »

Molotov évoque les charges qui pèsent contre lui. « Boukharine : – Je ne porterai pas de fausses accusations contre moi-même ! Molotov : – Si tu n'avoues pas, cela prouvera que tu es bien un agent des fascistes. Leurs journaux disent que nos procès sont des provocations. Nous t'arrêterons et tu avoueras ». De fait, il se retrouvera à la prison de la Loubianka.

Boukharine : – Je ne peux pas me tuer d'une balle de revolver, parce qu'on dira que je me suis suicidé pour nuire au Parti. En revanche, si je meurs pour ainsi dire de maladie, que perdez-vous ? Mais dites-moi ce que vous perdez ! Si je suis un saboteur, un fils de chienne… à quoi bon me plaindre ? ». Face à l'ironie haineuse de ses interlocuteurs, il s'écrie : « Mais comprenez qu'il m'est difficile de vivre ! » Staline de répondre : – Et pour nous, c'est facile ? »

Le 10 décembre 1937, l'accusé adresse une lettre strictement personnelle et confidentielle à Staline :

« Iossif Vissarionovitch !

[ ] Mes forces sont au plus bas et des sentiments douloureux affluent à mon âme. Laissant de côté tout sentiment de dignité et de honte, je suis prêt à me traîner à genoux et à t'implorer de m'éviter ce procès. [...] Si c'est une sentence de mort qui m'attend, je te prie, je te supplie au nom de tout ce qui t'est cher, de ne pas me faire fusiller, je veux moi-même pouvoir absorber du poison (donne-moi de la morphine, afin que je m'endorme et ne me réveille plus). Cet aspect-là des choses est pour moi très important, je cherche mes mots pour te supplier : politiquement, ça ne fera aucun tort à personne, personne ne le saura. Mais au moins, laisse-moi vivre mes dernières secondes comme je le veux. Aie pitié ! [...] »

Si on lui épargnait la peine capitale, ce qu'il espère encore de toutes ses forces, Boukharine souhaiterait être exilé en Amérique. Il donne les arguments pour : « Je ferais campagne sur les procès, je mènerais une lutte à mort contre Trotski, je ramènerais à nous de larges couches de l'intelligentsia, je serais pratiquement l'anti-Trotski et je mènerais toute l'affaire avec un formidable enthousiasme. » On connaît la suite : il sera fusillé en mars 1938.

« Koba, quel besoin as-tu de ma vie ? » La légende soviétique des décennies suivantes affirme que Boukharine aurait écrit ces mots avec son sang sur le mur de sa cellule, tandis que Staline se justifie ironiquement en faisant sien cet adage russe : « Quand on coupe du bois, les copeaux volent». «Dans ce combat contre les agents du fascisme, explique-t-il, il y aura quelques victimes innocentes. Mais nous lançons une attaque très importante contre l'ennemi, il ne faut pas nous inquiéter si nous sommes amenés à bousculer quelqu'un. Mieux vaut faire souffrir dix innocents que de laisser échapper un espion». Tous les membres du Bureau Politique de Lénine – à l'exception de Staline, au pouvoir, et Trotski, en exil – seront exterminés.

«Je veux pouvoir dire adieu à ma femme et à mon fils. À ma fille, ce n'est pas la peine. J'ai pitié d'elle, ça lui sera trop dur», écrit Boukharine à Staline. «Quand mes proches entendront ce que j'ai avoué, ils sont capables de mettre fin à leurs jours. Je dois les préparer d'une certaine manière. Je pense que ce sera mieux aussi dans l'intérêt de l'affaire, de son interprétation officielle.» Ses proches seront incarcérés dans les prisons du NKVD, puis envoyés en relégation, et son fils, âgé de deux ans, expédié anonymement, sous un faux nom, dans un orphelinat. Sort assez clément pour la famille d'un ennemi du peuple.

Au cours de ces terribles années 1930, le destin des «illégaux» fut aussi souvent tragique. Le fait d'être progressivement passés, pour nombre d'entre eux, sous le contrôle personnel de Beria, ne leur avait pas garanti une complète sécurité pour autant. Si certains évitèrent la prison, beaucoup d'autres furent assassinés par leurs camarades; d'autres encore, rappelés à Moscou et déportés ou exécutés à leur retour en Union soviétique.

Avant la guerre, le service de renseignements extérieur comptait, dans son noyau dur, approximativement deux cents officiers. Un tiers environ était en poste à l'étranger ; un autre tiers œuvrait dans des organisations de couverture en URSS.

Le dernier tiers coordonnait l'ensemble de ces actions à Moscou. Près de 60 % de ces officiers furent éliminés durant les purges.

Outre la somme de tragédies humaines qu'elles représentent, ces épurations portèrent un coup terrible au renseignement du Kremlin. Ainsi la résidence de Paris fut-elle purement et simplement exterminée. À la résidence de Londres, il ne resta qu'un seul homme : le chiffreur.

L'influence de l'histoire russe était particulièrement perceptible au sommet de l'édifice stalinien : le bureau politique d'« état-major général » du parti révolutionnaire devint une sorte de conseil privé du prince des services de sécurité, renouant avec la tradition de l'Okhrana, la police secrète du tsar.

La machine de la terreur tournait désormais à plein régime, touchant un peu partout, des officiers en charge des résidences « légales », travaillant sous couverture diplomatique dans les ambassades, ou des équipes « illégales comme le groupe de Sorge ».

L'agent Ramsay suivait ces événements de loin, et souvent avec retard. Mais il en était très affecté. Sa consommation d'alcool, déjà proverbiale, augmenta, tandis que son humeur se dégradait et que ses crises de colère se multipliaient, pendant que le monde était plus proche que jamais d'une nouvelle guerre mondiale.

La vie à Tokyo

Sorge ne réagit pas à ces tragédies, même s'il était parfaitement au courant de tout ce qui se passait à Moscou, notamment l'exécution de son ami Boukharine. Il buvait beaucoup et répétait à ces collaborateurs: « Entre Hitler et Staline, il faut choisir Staline, c'est le salut du monde »

Durant toutes ces années, Sorge a vécu à Tokyo dans la même maison, au n° 30 de la rue Nagasaki-sho, dans le quartier Azabu.

Une femme âgée venait tous les jours à six heures du matin, faisait le ménage et cuisinait pour le petit-déjeuner et le déjeuner, car Sorge dînait rarement à la maison. Elle partait quatre heures plus tard. Lorsqu'elle est décédée, Sorge a embauché une autre femme du même âge, qui a travaillé pour lui jusqu'à son arrestation. Détail curieux: cette deuxième femme de chambre travaillait autrefois comme cuisinière à l'ambassade soviétique.

La maison Sorge était, selon une formule japonaise consacrée, un « logement confortable », elle était petite selon les normes modernes européennes ou américaines avec un petit jardin. La plupart des maisons japonaises de ce quartier bourgeois étaient semblables.

Dans la pièce de l'étage que Sorge utilisait comme bureau, des visiteurs furent frappés par un désordre extraordinaire, car il y avait un chaos apparent : des cartes, des papiers et surtout des livres principalement sur l'économie et l'agriculture japonaise. Il y avait aussi un canapé, une table et une chaise ou deux, une ou deux très belles estampes japonaises et quelques beaux objets en bronze et en porcelaine. La pièce contenait également un phonographe et une cage avec un hibou apprivoisé.

Tout le mobilier de la maison était de style japonais, les sols des chambres étaient recouverts d'un mur à l'autre de tatamis, des nattes denses en paille de riz.

Sorge respectait la coutume japonaise : il enlevait ses chaussures à la porte d'entrée et mettait des pantoufles sur les marches ou dans le petit couloir, puis marchait sur les nattes avec des chaussettes.

Il dormait aussi à la japonaise, sur des matelas posés sur des nattes, avec un petit traversin dur sous la tête. Le journaliste allemand, le prince Urakh, décrivit la salle de bains de Sorge en se souvenant que « ce dernier était fanatiquement propre, se frottant et se grattant quotidiennement à la japonaise puis, ramassant ses genoux, grimpait dans une cuve en bois remplie d'eau chaude».

Personne à part Sorge et la cuisinière n'est probablement venu dans cette maison plus souvent qu'une jeune fille du nom de Miyaki Hanako, que Sorge a rencontrée en octobre 1935, le jour de son 40e anniversaire, au restaurant Rheingold, où elle travaillait comme serveuse.

Sorge a courtisé Hanako-san pendant plusieurs mois avant qu'elle ne devînt sa maîtresse. De l'automne 1936 au début 1937, Hanako-san passa 3 ou 4 jours de chaque semaine chez lui et, souvent en début de soirée, ils quittaient ensemble la maison, chacun allant dans sa direction : Sorge à l'agence de presse et Hanako-san au restaurant Reingold.

Hanako avait une bonne voix et elle rêvait de devenir chanteuse. Sorge lui trouva alors un professeur d'allemand et, au début de l'été 1937, elle quitta son travail au restaurant pour se consacrer à des cours de musique. Elle se considérait comme une compagne de Sorge et croyait qu'il légitimerait leur union en l'enregistrant auprès de l'administration du district d'Azabu.

Cependant, Sorge ne pouvait évidemment pas se permettre de profiter du bonheur de la vie conjugale et il dit à Hanako qu'il devait rester célibataire. Néanmoins, jusqu'à son arrestation en octobre 1941, elle venait chez lui deux ou trois jours par semaine.

Ils passaient souvent des week-ends ensemble à Atami, une station balnéaire au sud-ouest de Tokyo.

Hanako-san se souvient de Sorge avec tendresse et dévotion, et sa totale loyauté envers son bien-aimé ne peut que susciter un grand respect. Elle désirait un enfant de Sorge mais ce dernier ne voulait pas en entendre parler, car selon sa formule « son travail était semé d'embûches ».

Pourtant, même si elle n'avait pas le moindre soupçon qu'il était un agent communiste, elle avait deviné que son amant était impliqué dans des affaires secrètes. Hanako-san était une socialiste modérée et elle n'était pas choquée par les déclarations de Sorge sur le danger du militarisme japonais, sur la pauvreté des travailleurs du pays ou sur la nature détestable du régime nazi.

Sa sympathie pour des idées de gauches était sincère, et il est possible que Sorge s'en soit assuré avant de commencer à courtiser assidûment Hanako-san.

Hanako-san avait adopté une position assez compréhensive concernant les relations de Sorge avec d'autres femmes. Après tout, disait-elle, il était célibataire, et « il est naturel pour une personne exceptionnelle d'avoir plusieurs maîtresses, n'est-ce pas ? »

Sorge manifestait une forte volonté et se mettait rarement en colère. La seule fois où elle l'a vu perdre le contrôle de lui-même, c'est lorsqu'il apprit l'attaque allemande contre l'Union soviétique le 22 juin 1941. Ce jour-là, « il a sangloté comme si son cœur se brisait ».

Fin avril 1938, le major général Ott fut nommé ambassadeur d'Allemagne au Japon en remplacement de Dirksen, affecté à Londres. À l'époque, Sorge prévoyait de faire une courte visite à Hong Kong, où il devait transmettre beaucoup de documents confidentiels, à un agent soviétique.

Le général Ott lui a aussi demandé de servir de courrier pour l'ambassade allemande et Sorge, selon ses propres mots, « était une sorte de double courrier », d'abord à Manille puis à Hong Kong, portant des documents « pour les deux côtés ».

Il a célébré son retour au Japon comme d'habitude, au restaurant Rheingold.

À deux heures du matin, lorsque le bar fermait, Sorge est monté sur une moto qu'il avait achetée à Max Clausen. La moto lui procurait beaucoup de plaisir et suscitait de vives inquiétudes chez ses amis car même lorsque Sorge était sobre, il la conduisait à grande vitesse dans les rues étroites de la ville.

Un soir, après avoir terminé sa soirée à l'hôtel Impérial, Sorge est allé à son propre appartement où il a bu une bouteille entière de whisky. Puis il a proposé à son collègue journaliste allemand de le ramener à la maison sur le siège arrière de sa moto. C'était l'une des soirées où sa maîtresse Hanako-san n'était pas chez lui. Le journaliste a sagement refusé et Sorge est parti seul. Il a tourné à gauche d'un large passage et s'est précipité dans la rue le long du mur entourant l'ambassade américaine. Il a alors perdu le contrôle de la moto, s'écrasant la tête contre un mur.

Heureusement pour Sorge, le lieu de l'accident était à portée de voix, sinon de vue, du policier de garde dans la guérite de l'ambassade américaine. Avec de graves blessures, Sorge, cependant, n'a pas perdu connaissance et a réussi à prévenir son opérateur radio Clausen de venir immédiatement. Il l'a d'ailleurs judicieusement fait par l'intermédiaire de son compagnon de beuverie.

Clausen s'est précipité à l'hôpital de Saint-Luc, où Sorge avait été emmené. Ce qui s'est passé ensuite est décrit par Clausen lui-même.

« Fortement abîmé mais ne perdant pas son sang-froid, il m'a remis les rapports secrets qui se trouvaient dans sa poche et ne devaient pas être montrés à des étrangers. Une minute plus tard, il perdait connaissance. De l'hôpital, je suis allé directement chez lui chercher tous les autres papiers secrets liés à nos activités de renseignement, en prenant également son journal intime.

Un peu plus tard, un fonctionnaire du service de presse allemand est arrivé pour sceller l'appartement de Sorge afin que personne ne puisse rien toucher. J'étais atterré, pensant que tout notre travail secret aurait pu être saboté »

Sorge avait la mâchoire et presque toutes ses dents fracassées. Son visage défiguré portait des traces de l'accident, ce qui est très visible sur la photographie prise en mars 1938. Les cicatrices sur le visage de Sorge le faisaient ressembler à un masque de théâtre japonais, lui donnant une expression presque démoniaque.

Dans une lettre à sa femme russe, Sorge affirmait : « Maintenant, je ressemble à un chevalier battu ».

Lorsque le maître espion eut quitté l'hôpital, l'ambassadeur Ott fut particulièrement aimable avec lui. Son épouse l'invita même à rester chez eux jusqu'à son complet rétablissement.

Sorge et le transfuge

Richard Sorge était désormais un officier du renseignement soviétique très expérimenté, avec de nombreuses années de travail illégal derrière lui en Allemagne, à Moscou, en Scandinavie et en Angleterre. Il avait bâti sa légende, qui détermina la réussite de sa mission. Nous avons vu comment, avant son arrivée au Japon, avec une minutie typiquement allemande, le maître espion a préparé sa couverture journalistique lors d'une visite secrète à Berlin en juin 1933. Six années dangereuses se sont écoulées sans incident. Au cours de son séjour au Japon, il s'est fait une réputation de grand journaliste, spécialiste des affaires d'Extrême-Orient, établissant des relations amicales de confiance avec le personnel de l'ambassade d'Allemagne à Tokyo.

Lorsque les Allemands, en menant une enquête officielle en novembre 1941, se sont plongés dans le passé de Sorge, le ministère allemand des Affaires étrangères a tenté de trouver des faits qui aideraient à clarifier la manière dont Sorge avait réussi à devenir le correspondant du *Frankfurter Zeitung*. Le rédacteur en chef du journal est resté ferme dans ses déclarations et a catégoriquement rejeté toute hypothèse selon laquelle Sorge aurait eu des accords avec le journal avant son départ pour le Japon.

« Jusqu'en mars 1936, nous ne savions absolument rien de la vie de M. Sorge à Tokyo. En mars, nous avons reçu de lui une lettre datée du 4 février 1936 et adressée au rédacteur en chef, le Dr Kirchner, à Berlin. Dans cette lettre, M. Sorge rapporte que certaines personnes de l'ambassade d'Allemagne à Tokyo ont attiré son attention sur le fait que notre journal n'avait pas de correspondant au Japon, et il s'est donc permis de nous demander si nous aimerions recevoir de lui, de temps en temps, des matériaux sur la politique, l'économie et des sujets généraux concernant le Japon et la Mandchourie. Au cas où nous aurions besoin de recommandations personnelles, il a énuméré les personnes suivantes qui étaient prêtes à nous les fournir : l'ambassadeur Dirksen et le colonel Ott, attaché militaire de l'ambassade d'Allemagne à Tokyo. Un article était joint à la lettre. »

Mais en juin 1938, un événement important a failli bouleverser l'existence de Sorge : alors qu'il venait de se remettre de son accident, le général soviétique Lushkov, dirigeant tous les services secrets soviétiques en Extrême Orient, franchit la frontière mandchoue et se rendit à l'armée japonaise du Kwantung, apportant des informations secrètes de la plus haute importance sur le renforcement de la présence militaire soviétique dans la région. Ce fut le plus haut gradé de tous les transfuges soviétiques.

Son témoignage allait avoir un impact décisif sur la politique du Japon envers l'Union soviétique. Ce fut la défection la plus importante de l'histoire de l'espionnage à l'époque.

Lushkov a été immédiatement transféré au Japon où il a commencé à être interrogé par les officiers de l'état-major. Il était en effet l'un des plus hauts officiers de la police secrète de Staline, assurant notamment la sécurité aux frontières de l'Union soviétique. La trahison de ce puissant hiérarque était la conséquence des purges menées par Staline envers les groupes d'opposition, qui ont également affecté la police politique. Avant son évasion, Lushkov avait réussi à exfilter en toute sécurité sa famille en Europe.

Lors des premiers interrogatoires, Lushkov a expliqué en détail aux Japonais la structure de l'opposition en Sibérie et a préparé un grand rapport sur la lutte des clans au Kremlin.

Les Japonais ont transmis cette information à Hitler par l'intermédiaire de l'ambassade allemande à Tokyo, grâce au chef des services secrets militaires le colonel Scholl. Ce dernier l'a montrée à Sorge. Les révélations ont provoqué une grande excitation à l'ambassade d'Allemagne et Scholl a envoyé un télégramme secret à Berlin, demandant de faire venir d'urgence un spécialiste de l'Union soviétique à Tokyo pour interroger Lushkov. Dans ce contexte, Sorge a expédié une série de messages radio urgents à Moscou, décrivant les résultats préliminaires du témoignage de Lushkov.

Mais la bureaucratie, comme d'habitude, a gardé le silence.

Alors l'envoyé spécial de l'amiral Canaris, le colonel Greling, du contre-espionnage militaire, est arrivé de Berlin à Tokyo pour interroger Lushkov. Finalement, un mémorandum d'une centaine de pages fut rédigé intitulé : « Rapport sur la rencontre entre Lushkov et l'envoyé spécial allemand ».

Scholl a prêté ce document ultra-secret à Sorge, qui l'a immédiatement photographié et transmis à la 4ème Direction de l'Armée rouge. À la lumière de la réponse de Moscou, on pouvait juger de son importance pour le Kremlin. Dans un document daté du 5 septembre 1938, nous lisons en effet ce qui suit :

« Faites de votre mieux et utilisez tous les moyens disponibles pour obtenir des copies des documents reçus par l'envoyé spécial de Canaris de la part de l'armée japonaise ou des copies des documents reçus personnellement par l'envoyé de la part de Lushkov. Signalez immédiatement la réception de tous ces documents. »

Le microfilm a donc été envoyé par courrier et son contenu a démontré aux Soviétiques le danger du témoignage de Lushkov.

Le transfuge affirmait qu'en raison du mécontentement généralisé de l'Armée rouge et de l'existence d'une forte opposition en Sibérie, la machine militaire soviétique en Extrême-Orient s'effondrerait immédiatement en cas d'invasion.

En outre, Lushkov avait mentionné le déploiement précis des formations de l'Armée rouge en Sibérie et en Ukraine, et confié des informations détaillées sur les codes radio militaires utilisés. Toutes ces informations techniques étaient très détaillées, notamment en ce qui concerne les formations de l'Armée rouge en Sibérie. Le déploiement, l'organisation et l'armement de chaque division – selon Lushkov, il y en avait vingt-cinq – tout était décrit avec une précision redoutable.

Selon ces informations ultrasecrètes, les purges généralisées de l'Armée rouge après le procès du maréchal Tukhachevsky de 1937 étaient d'une importance primordiale pour évaluer la puissance militaire de la Russie soviétique.

Sorge n'exagéra nullement, commentant plus tard en disant :

« L'une des conséquences du témoignage de Lushkov était le danger d'une action militaire conjointe nippo-allemande contre l'Union soviétique. » Et désormais la tâche principale de Sorge était d'éviter cette catastrophe.

L'analyse de l'affaire Lushkov fut l'un des plus grands services que Sorge a rendus au Kremlin pendant toute la durée de sa mission japonaise. Lushkov aurait été abattu au Japon en août 1945.

Environ un mois après l'évasion de Lushkov, il y eut une vive escarmouche entre les Japonais et les Russes dans les collines connues sous le nom de Chankufeng, au sud-ouest de Vladivostok, à la frontière de la Corée, de la Mandchourie et de l'Extrême-Orient soviétique. Les combats ont continué pendant un mois. Mais sur la base des informations reçues d'Ozaki et de Miyagi, Sorge a pu assurer à Moscou que ni le gouvernement japonais ni l'armée japonaise ne permettraient à ces combats de s'intensifier, évitant ainsi la vraie guerre avec l'URSS.

En janvier 1939, le prince Konoe fut remplacé comme Premier ministre par le baron Hiranuma. Cette démission compliqua la collecte d'informations par Ozaki. Mais à partir du début juin 1939, il commença à travailler comme consultant pour un organisme de recherche lié aux forces armées. Il continua à recevoir des informations de renseignement concernant la Mandchourie. Et il a assuré Sorge que le gouvernement japonais ne voulait pas risquer une guerre à grande échelle contre la Russie.

Miyagi, pour sa part, fournissait à Sorge des informations sur les aspects militaires de la défaite des Japonais à Nomonhan, sur les types d'armes et les équipements utilisés dans les batailles, sur l'état d'esprit de l'armée.

Le troisième membre du groupe Vukelich, désormais correspondant de l'agence de presse française Havas, avait été invité à visiter les lieux de bataille avec d'autres journalistes et il a pu transmettre à Sorge des informations très précises sur l'artillerie et l'équipement militaire japonais. Mais Sorge l'a averti de faire attention et de ne rien faire qui pourrait attirer l'attention, puisque l'armée japonaise était le sponsor officiel du voyage.

Dans une conversation avec l'ambassadeur Ott, Sorge a produit l'analyse la plus détaillée de la défaite à Nomonhan :

« J'ai souligné que les affirmations du transfuge soviétique sur la prétendue faiblesse de l'Armée rouge peuvent désormais être qualifiées de mensonges. Si l'armée japonaise voulait refouler l'Armée rouge de ses positions actuelles, alors 400 à 500 chars seraient nécessaires, ce qui dépasserait les capacités de l'industrie militaire japonaise. L'Allemagne devrait étudier plus en profondeur l'incident du Nomonhan et abandonner la vieille idée selon laquelle l'Armée rouge serait incapable d'offrir une résistance sérieuse »

« Je croyais que Lushkov était devenu un transfuge, non seulement parce qu'il était mécontent de l'attitude des autorités soviétiques envers lui-même mais simplement parce qu'à cette époque, les purges touchaient les services secrets et qu'il avait peur de faire partie des victimes. J'en suis venu à la conclusion que Lushkov a exposé une raison politique à son évasion uniquement parce qu'il avait des amis dans des groupes d'opposition en Sibérie. »

Au début, Sorge était très inquiet de la réaction japonaise à propos des révélations du transfuge. L'ambassade d'Allemagne a apparemment été informée que « l'Union soviétique était au bord de l'effondrement ».

Sorge a toujours cru que son prestige particulier dans les cercles des ambassadeurs devait être utilisé à des fins politiques à titre d'« agent d'influence. »

Malgré l'indifférence de Moscou, il manipula ses interlocuteurs allemands, soulignant que « Lushkov était une figure peu fiable et secondaire ».

« Il est dangereux de juger de la situation intérieure en Russie sur le témoignage d'une personne comme Lushkov. Ses remarques sont du type de celles que l'on peut trouver dans tout livre anti-nazi écrit par des réfugiés allemands. Ils prédisent souvent que le régime nazi s'effondrera inévitablement. »

Initialement, le groupe Sorge au Japon était financé à partir de Moscou qui transférait l'argent par des courriers soviétiques lors des rencontres régulières à Shanghai ou à Hong Kong, ou par des chèques envoyés via la *National City Bank of New York* voire par *American Express* sur des comptes privés de banques japonaises. Après 1940, Moscou a choisi une solution très dangereuse : des contacts secrets avec des représentants de l'ambassade soviétique à Tokyo.

À dire vrai, entre 1936 et 1941, le montant total de l'argent reçu par le groupe Sorge en provenance de Moscou était très limité, s'élevant à environ quarante mille dollars.

La 4ème Direction a signalé à Sorge qu'il ne devrait pas dépenser plus de mille dollars par mois pour financer les activités du groupe. Et ce maigre montant a été principalement consacré aux frais de logement et de fonctionnement des principaux membres du groupe. Ozaki n'a reçu aucun financement, sauf pour un voyage. De petites sommes ont dû être dépensées pour l'achat de pièces de rechange de l'émetteur radio, ainsi que pour des paiements insignifiants aux informateurs secondaires travaillant pour Ozaki et Miyagi. Sorge, Vukelich et Ozaki vivaient de leurs revenus journalistiques, Miyagi gagnait très bien sa vie en tant qu'artiste, l'opérateur radio Clausen comme homme d'affaires.

Sorge n'a jamais reçu d'importantes sommes d'argent en provenance de Moscou pour payer les frais supplémentaires.

Quand, après son divorce, Vukelich a décidé d'envoyer son ex-épouse Édith en Australie, le montant de quatre cents dollars a été spécialement convenu avec Moscou et payé par l'intermédiaire du diplomate soviétique Zaitsev à Tokyo.

D'ailleurs l'estimation initiale de mille dollars par mois a été systématiquement réduite, et Sorge fut contraint d'économiser. L'opérateur radio Clausen reçut des instructions de Moscou pour utiliser les bénéfices de son entreprise « comme source de financement pour le groupe » et cette décision de la 4ème direction accrut la frustration de Clausen face à l'idéologie communiste.

À partir de ce moment, il est devenu assez négligent lors de la rédaction des rapports et, pire que tout, il n'a pas hésité à détruire certains messages déjà envoyés et reçus. Ainsi, la mesquinerie financière des autorités soviétiques a augmenté les risques pour le groupe et a fourni à la police japonaise des preuves clés lors de la perquisition du domicile de Clausen et son arrestation.

Seuls Sorge lui-même et Clausen, qui furent recrutés directement par la 4ème Direction en Allemagne, connaissaient leurs supérieurs.

Miyagi a été recruté par la section japonaise du Parti communiste américain. Arrivé à Tokyo, il a rompu tous les liens avec le parti américain. Il avait reçu pour instruction claire de ne maintenir aucun contact avec ses camarades japonais.

Au début, Miyagi croyait que lui et Sorge étaient les seuls membres du groupe, mais il rencontra plus tard Vukelich, Ozaki et Clausen, qui lui furent présentés comme membres du réseau.

Vukelich, comme Miyagi, était persuadé qu'il avait été recruté à Paris par une organisation directement subordonnée au Komintern. « Sorge n'a jamais parlé de la vraie nature de son organisation. »

Ozaki avait sans doute une vision beaucoup plus précise du travail du groupe. Depuis Shanghai, il savait déjà par Agnès Smedley qu'il avait reçu des services soviétiques de Moscou le nom de code « Otto ».

Pour des raisons de sécurité de l'organisation, Sorge a limité les contacts entre ses membres.

Clausen, en tant qu'opérateur radio et trésorier, connaissait au moins les pseudonymes et les noms de code de chaque membre mais même lui ne connaissait pas le vrai nom d'Ozaki jusqu'aux derniers jours de l'existence du groupe. Et il n'a appris le nom de Miyagi qu'après son arrestation. Ozaki n'a rencontré qu'une seule fois Clausen et ne connaissait pas son nom. Il n'a également jamais rencontré Vukelich.

Les réunions de Sorge avec ses collaborateurs étaient toujours soigneusement planifiées. Lui seul maintenait un contact direct avec chacun des principaux membres du groupe. Les contacts avec Clausen étaient les plus fréquents car tous les deux étaient membres du club allemand de Tokyo.

Les réunions les plus importantes avaient lieu chez Sorge et le seul moment dangereux était le transfert de documents secrets ainsi qu'un éventuel contrôle administratif de routine chez Clausen.

Ce dernier était d'ailleurs très prudent lorsqu'il se rendait chez Sorge. Ils avaient également convenu d'un signe indiquant la présence d'une femme chez Sorge : « lorsqu'une lampe est allumée au-dessus de ma porte, s'il vous plaît, ne venez pas chez moi, car cela signifie qu'il y a un visiteur ».

Habituellement, tous les rendez-vous étaient pris à l'avance, souvent par téléphone.

Sorge et Vukelich étaient des collègues – tous deux journalistes étrangers – et ils se rencontraient souvent, sans se cacher, dans la maison de Vukelich, avant son divorce avec sa première femme Édith. Il ne leur semblait guère utile de respecter strictement les règles de sécurité dans les contacts habituels des trois Européens membres du groupe.

Cependant, il y avait des violations des règles élémentaires de sécurité commises par les Soviétiques: Clausen se souvint de rencontres avec des responsables soviétiques travaillant à l'ambassade de Tokyo qui furent évidemment étroitement contrôlées par le contrespionnage japonais, notamment avec un certain Zaitsev affecté par le GRU, la Direction générale du renseignement des forces armées soviétiques, anciennement la 4ème Direction.

Sorge évita prudemment les contacts inutiles avec Ozaki et Miyagi, fixant soigneusement ces rendez-vous qui se tenaient habituellement dans les restaurants de Tokyo.

Sorge et Ozaki se rencontraient une fois par mois. Cependant, en raison de l'augmentation de la charge de travail dans un contexte d'aggravation de la situation internationale, ils furent obligés de se voir plus souvent. Après l'attaque allemande contre la Russie en juin 1941, ils commencèrent à se retrouver une fois par semaine. Habituellement, Ozaki réservait une table à son nom au restaurant Asia, situé dans le bâtiment où Ozaki avait son propre bureau.

Après le déclenchement de la guerre en Europe, le groupe a décidé qu'en raison de la surveillance accrue des étrangers à Tokyo, il serait plus sûr de se réunir chez

Sorge. Sa maison, située à côté du poste de police, était sous surveillance constante. Cependant, pour Ozaki, journaliste célèbre, il n'y avait rien d'anormal à avoir des rendez-vous avec un éminent collègue allemand, et le risque d'être écouté dans une maison privée était bien moindre que dans un restaurant japonais.

Ozaki et Miyagi ont continué à se rencontrer dans les restaurants et ont finalement trouvé une meilleure couverture qui a permis à Miyagi de visiter régulièrement la maison d'Ozaki : l'artiste a commencé à donner des cours de dessin à la fille d'Ozaki.

Tout au long de ses neuf années d'activité – à l'exception peut-être des derniers mois – rien n'indiqua que les mouvements des membres du groupe et leurs réunions aient fait l'objet d'une suspicion particulière de la part de la police japonaise. Le danger principal était l'éventualité de trouver du matériel compromettant à la suite d'un contrôle de routine dans l'une des leurs voitures.

Clausen était le plus vulnérable. Au cours de ses fréquents déplacements en voiture, il devait emporter l'émetteur radio au fond d'un grand sac noir dans diverses maisons privées. Il vécut plusieurs épisodes dangereux.

L'un d'eux eut lieu à l'automne 1937. Clausen précisa :

« Comme d'habitude, j'ai pris un taxi pour me rendre à une séance radio avec Moscou et, en arrivant chez Vukelich, vers deux ou trois heures de l'après-midi, j'ai constaté qu'un grand portefeuille noir avait disparu de ma poche de pantalon. Je suis retourné dans la rue mais le taxi avait déjà disparu. Il y avait 230 yens en monnaie japonaise dans mon portefeuille, mon permis de conduire avec photo et un rapport financier en anglais rédigé par Sorge, que nous devions envoyer à Moscou. Il devait être photographié chez Vukelich. Tous les autres messages cryptés, heureusement, avaient été soigneusement cachés dans mon vieux sac noir. J'ai dû oublier mon portefeuille dans la voiture car j'étais sûr de l'avoir sorti et ouvert. Bien sûr, je ne me souvenais pas de la plaque d'immatriculation de cette voiture. Je ne savais pas quoi faire. Le jour même, j'ai signalé la perte à la police de la ville. J'ai dit que j'avais perdu le porte-monnaie, mon permis de conduire et une pile de papiers écrits en anglais. Le portefeuille n'a jamais été retrouvé »

Ozaki a fourni à Sorge des informations très importantes sur les cercles gouvernementaux japonais mais il n'a jamais écrit ses rapports. C'est Sorge qui rédigeait les messages pour la transmission radio à Moscou. Des documents secrets obtenus par Ozaki ont été remis à Miyagi pour une traduction en anglais et ils étaient ensuite envoyés à Sorge.

Les documents secrets que Sorge avait réussi à obtenir de l'ambassade d'Allemagne ont été microfilmés par le maître espion lui-même ou par Vukelich. Les dossiers collectés par le groupe étaient parfois transférés à des courriers soviétiques lors de rendez-vous préalablement convenus.

Ce système a fonctionné sans accroc jusqu'à l'arrestation du groupe, lorsque des éléments incriminant ont été trouvés dans la maison de Clausen. Ils allaient servir de base à une enquête préliminaire.

Le groupe de Sorge a pu agir en toute impunité mais les spécialistes japonais des communications ont évidemment intercepté des messages non identifiés pendant huit ans. Les réalisations techniques du groupe ont été excellentes. Sorge a reconnu lui-même : « J'ai été surpris que nous ayons mené un travail secret au Japon durant de nombreuses années sans avoir jamais été arrêtés par les autorités. »

Le dernier exploit

Lorsque la guerre éclata en Europe en septembre 1939, Sorge reçut une affectation à l'ambassade d'Allemagne comme éditeur du bulletin d'information, compilé à partir de télégrammes reçus du service d'information officiel de Berlin... Il s'est vu attribuer un bureau au deuxième étage de l'ancien bâtiment de la Chancellerie, à côté de la salle d'écoute et d'interception radio de la DNB, l'agence de presse officielle allemande. Sorge venait alors à l'ambassade tous les jours à six heures du matin et y restait jusqu'à dix heures. « La première chose que j'ai faite a été de trier les télégrammes reçus, de choisir les plus importants à montrer aux hauts fonctionnaires de l'ambassade. Puis je préparais des extraits pour un communiqué de presse adressé aux Allemands vivant au Japon, ainsi qu'une déclaration pour la presse japonaise. »

Sorge était payé pour ce travail mais il n'avait aucun statut officiel à l'ambassade. L'ambassadeur lui a proposé à plusieurs reprises à devenir diplomate mais il a obstinément refusé. « Le ministère des Affaires étrangères de Berlin fait pression depuis 1939 sur l'ambassadeur Ott pour qu'il me désigne à un poste assez élevé – responsable de l'information et des relations avec la presse. Cependant, j'ai continué à refuser. En fin de compte, Ott en fut offensé, et je lui ai donc promis de continuer à le servir en tant que conseiller personnel. »

Sorge avait une raison tout à fait précise de rejeter ces offres alléchantes de nomination officielle. Il a d'abord estimé que ses fonctions diplomatiques interféreraient avec son travail à Moscou. Il avait surtout peur qu'au cours d'une enquête de sécurité inévitable, certains détails de son passé puissent être révélés.

Dans tous les cas, les relations de Sorge avec l'ambassadeur et les hauts fonctionnaires de l'ambassade avaient un caractère de confiance absolue. Le déclenchement des hostilités en Europe a naturellement conduit à une intensification de la proximité entre Sorge et l'ambassadeur allemand, marquée par des discussions quotidiennes sur les développements de la situation. Et Sorge était sans aucun doute une source d'informations extrêmement précieuse pour l'ambassade d'Allemagne. Ott était bien conscient que ce dernier avait ses propres relations parmi les conseillers du premier ministre prince Konoe.

Comme Sorge l'a écrit plus tard :

« Je suis sûr que je les ai beaucoup attirés parce que je ne voulais occuper aucun poste à l'ambassade et aussi parce que j'avais certaines connaissances en histoire et en philosophie, j'étais peut-être le seul Allemand parmi les personnes proches de l'ambassade à s'intéresser aux livres universitaires sérieux... »

Sa force intellectuelle exceptionnelle ne pouvait qu'impressionner l'ambassadeur et son épouse.

Sorge a également affirmé que les plus hauts fonctionnaires de l'ambassade étaient eux aussi constamment intéressés par ses opinions. L'ambassadeur lui-même montrait souvent à Sorge les ébauches des télégrammes et lui demandait si des modifications étaient nécessaires.

« De cette façon, j'ai appris le contenu de nombreux télégrammes et dépêches importants. Parfois, mes opinions ont provoqué des discussions, au cours desquelles j'ai reçu des informations supplémentaires. »

Rappelons que pendant son dernier voyage à Moscou en 1935, Sorge avait été chargé de se concentrer sur la pénétration des cercles de l'ambassade d'Allemagne à Tokyo, et Moscou l'a expressément autorisé à transmettre « à sa guise » certaines informations à l'ambassade. Ainsi, à ce stade, Sorge était déjà en mesure de tirer pleinement parti de sa position, après une longue période de préparation minutieuse.

Cependant, Moscou semblait manifester une compréhension limitée des difficultés techniques et pratiques de cette tâche préliminaire. Suite au déclenchement des hostilités en Europe, le Kremlin montra des signes de précipitation déraisonnable dans la recherche de renseignements de haut niveau collectés par Sorge.

Le 1er septembre 1939, Sorge reçut un message « surréaliste » de Moscou :

« La qualité de vos informations sur les questions militaires et politiques actuelles s'est progressivement détériorée au cours de l'été. Durant cette période, le Japon a pris un certain nombre de mesures importantes pour préparer une attaque contre l'Union soviétique mais nous n'avons reçu aucune information significative de votre part. L'ambassade d'Allemagne étant bien informée à ce sujet, veuillez obtenir des renseignements et nous les faire connaître par radio sans tarder. Étant donné que vous êtes très expérimenté dans votre travail et que votre position à l'ambassade est élevée, nous vous demandons et attendons de vous des informations détaillées et suffisamment récentes sur les questions militaires et politiques. Mais vous restez à l'écart, nous envoyant des informations qui ne sont pas particulièrement précieuses.

« Mon cher Ramsay, je vous lance à nouveau un appel avec une demande de changement de votre méthode de collecte d'informations... C'est la seule façon pour que votre séjour au Japon soit d'une quelconque valeur pour notre travail. Afin d'obtenir des informations de meilleure qualité, il serait nécessaire d'utiliser davantage les capacités de Joe (Miyagi) et Otto (Ozaki). Payez-les, qu'ils aient fait leur travail ou non. Vous devez considérer l'importance de votre tâche Nous sommes convaincus que vous êtes infiniment fidèle à votre patrie. Et nous pensons que vous pouvez faire mieux. Confirmez la réception de ce télégramme».

Le même jour, un autre message est arrivé, ce qui en dit long sur le degré de la nervosité à Moscou:

«Il y a deux mois, j'ai souligné que votre problème le plus immédiat et le plus important était de recourir aux services de plusieurs officiers de l'armée japonaise, mais jusqu'à présent, je n'ai pas reçu de réponse... Je considère que ce travail est vital pour résoudre le problème. Veuillez câbler les observations et les plans. Je suis convaincu que vous y parviendrez».

Ces deux messages ont été interceptés par une station d'écoute électronique du ministère japonais des Communications en Corée. Plus tard, ils ont été déchiffrés pour les Japonais par Clausen après son arrestation.

À dire vrai, Sorge n'avait pas besoin d'un tel encouragement.

En 1939, la première priorité de la mission de Sorge était la collecte information concernant des négociations nippo-allemandes visant à créer une alliance politique et militaire. Ces échanges ont été engagés à l'initiative de la partie allemande mais elles n'ont pas beaucoup progressé. Soyons clairs : le Japon n'était pas prêt pour un conflit militaire avec des pays autres que la Chine. Mais l'Allemagne voulait l'entraîner dans une guerre contre la Grande-Bretagne en Extrême-Orient.

Voici comment Sorge lui-même décrit la situation :

« En proposant une alliance, le gouvernement allemand cherchait une guerre contre l'Angleterre ».

Le refus du cabinet japonais d'envisager à ce stade la possibilité de conclure un pacte avec l'Allemagne dirigé contre l'Angleterre eut un impact direct sur la décision de Hitler d'août 1939 de conclure un pacte de non-agression avec Staline.

Dans ce contexte, le Kremlin manifestait un intérêt particulier pour les négociations nippo-allemandes.

En vantant son rôle dans le chamboulement diplomatique de cette époque fatidique Sorge précisa :

« Si l'alliance germano-japonaise présumée est dirigée directement contre l'Union soviétique, les Russes rompront leurs négociations secrètes avec les Allemands. Mais l'Union soviétique a été informée par moi-même que l'alliance proposée était dirigée contre l'Angleterre, et non contre l'Union soviétique, et les Russes ont donc décidé de conclure un pacte avec l'Allemagne »

Pendant plusieurs mois, Sorge fut régulièrement informé en détail par l'ambassadeur allemand à Tokyo de l'évolution des négociations nippo-allemandes, et il a immédiatement rapporté ces informations à Moscou.

Avec le déclenchement des hostilités en Europe, l'ambassade d'Allemagne a commencé à surveiller systématiquement la réaction japonaise « dans toutes les couches de la population… »

Ott a envoyé d'innombrables rapports à l'Allemagne sur ses conversations avec des membres du gouvernement japonais. L'idée d'entrer dans la guerre européenne n'avait pas de soutien dans les plus hautes sphères du gouvernement japonais. Il était clair que les cercles politiques et militaires japonais étaient divisés à propos de l'alliance avec l'Allemagne et le pacte nazi-soviétique avait fait une impression négative à Tokyo, contribuant à la croissance de l'influence des forces pro-britanniques et pro-américaines au Japon.

La puissance militaire japonaise devint donc le principal sujet d'étude du groupe de Sorge. Depuis l'incident chinois de 1937, l'ambassade d'Allemagne étudiait systématiquement les capacités organisationnelles et militaires de l'armée japonaise. Chaque fois que des hostilités éclataient en Chine, une évaluation militaire détaillée était établie à l'ambassade allemande, et on envoyait chaque mois par courrier un rapport à Berlin, après une série de réunions régulières entre Ott et l'attaché militaire Scholl, en présence Sorge.

Sorge a photographié ces documents ultrasecrets et a évidemment envoyé des microfilms à Moscou. L'ambassade a analysé la réorganisation de l'armée japonaise qui a commencé en 1938.

Ce « groupe de recherche de l'ambassade » a fonctionné au début 1940, quand l'attaché militaire Scholl retourna en Allemagne. Ses relations étroites avec Sorge, fondées sur leur participation commune à la Première Guerre mondiale, étaient un aspect essentiel de la pénétration de Sorge dans les activités militaires secrètes allemandes.

Mais en février et mars 1940, Moscou lui a envoyé des messages exigeant des informations plus détaillées sur la production militaire dans l'industrie de la défense.

Le 25 mai, Moscou a même envoyé un nouveau message contenant la critique sévère du travail du groupe Sorge rédigée dans la langue de bois propre aux Soviétiques :

« Votre mission secondaire, qui suit en importance votre mission principale, doit répondre aux exigences suivantes : nous avons besoin de documents, de matériel et d'informations concernant la réorganisation de l'armée japonaise.

« Dans quels buts la nouvelle organisation est-elle introduite ? Quels sont les noms des nouveaux régiments ? Qui sont leurs commandants ?

« Nous aimerions beaucoup avoir des informations détaillées sur les changements de la politique étrangère japonaise. Nous ne sommes pas satisfaits de rapports après les événements. Nous avons besoin d'informations qui précèdent l'événement ».

Au cours des premiers mois de 1940, Sorge mit l'accent sur la collecte d'informations militaires par Ozaki et Miyagi, car après le départ de Scholl, il avait moins accès, pendant un certain temps, aux sources de l'ambassade d'Allemagne.

La nomination de Matsuoka au poste de ministre des Affaires étrangères dans le deuxième cabinet Konoe en juillet 1940 symbolisait une nouvelle étape vers la conclusion de l'alliance militaire formelle avec l'Allemagne.

Suite à un échange de vues préliminaire avec l'ambassadeur Ott à Tokyo et des échanges entre le gouvernement allemand et le général Oshima à Berlin, le représentant spécial de Ribbentrop pour les affaires d'Extrême-Orient, Heinrich Georg Stamer, fut envoyé à Tokyo début septembre 1940.

Après quatre semaines de discussions tendues, l'alliance tripartite a été signée à Tokyo. L'Italie y a également adhéré. L'essence de cet accord était l'alliance dirigée contre l'Angleterre. Mais si les États-Unis entraient en guerre contre l'Allemagne, alors l'alliance devait viser aussi les Américains.

Sorge a appris l'essentiel de ces négociations de l'ambassadeur Ott et il a immédiatement souligné dans un message à Moscou que cette alliance était principalement dirigée contre l'Angleterre.

La tâche principale de l'Allemagne était donc désormais d'impliquer le Japon dans la guerre contre l'Angleterre. La première tentative d'envahir les îles britanniques ayant échoué, ce n'est qu'en commençant les hostilités en Extrême-Orient que la situation en Europe pouvait changer en faveur de l'Allemagne

Sorge décrivit ainsi le contexte :

« Les Allemands étaient convaincus qu'une attaque japonaise contre Singapour entraînerait une réduction des forces navales britanniques en Méditerranée et en Atlantique, permettant à l'Allemagne d'envahir les îles britanniques ».

Ott a donc reçu des instructions officielles de Berlin lui ordonnant d'essayer de convaincre le gouvernement japonais d'attaquer Singapour. Pendant une semaine entière, lui et l'attaché militaire, en présence de Sorge, se sont rencontrés à l'ambassade presque tous les jours pour étudier, sur des maquettes de carton et de sable, les mesures à prendre pour attaquer Singapour.

Les conclusions de cette étude ont été communiquées par les attachés militaires allemands à l'état-major de l'armée et de la marine japonaises, mais selon Sorge, « ils ont été accueillis avec le sourire par les Japonais et les Allemands n'ont jamais pu obtenir de réponse définitive ».

Sorge a alors conclu que « la situation en Allemagne doit être telle qu'elle exige de toute urgence la participation japonaise à la guerre contre la Grande-Bretagne ». Mais quelques semaines plus tard, Sorge découvrait que l'Allemagne avait déjà décidé d'entrer en guerre contre la Russie et ne pouvait pas permettre à l'Angleterre d'obtenir un répit.

Lors de la signature du pacte tripartite, Ribbentrop invita Matsuoka à visiter l'Europe. Le cabinet japonais et les chefs de guerre étaient divisés sur l'opportunité d'une telle visite, et une série de réunions gouvernementales furent nécessaires avant que Matsuoka ne s'envolât pour Berlin en mars 1941. Matsuoka devait y suivre des instructions très précises et restrictives.

Ozaki fut informé par son ami chef du cabinet du premier ministre Saionji Kinkatsu des discussions entre les membres du cabinet Konoe au sujet de la visite de Matsuoka en Europe.

Le cercle du prince Konoe n'attendait pas grand-chose de cette visite. Saionji, qui faisait partie de la délégation, déclara à Ozaki : « Tout ce que nous pouvons espérer, c'est que cette visite aide Matsuoka à mieux comprendre la situation européenne, pour orienter ses choix de politique étrangère à l'avenir. »

Les instructions imposaient à Matsuoka de ne signer aucun accord formel en Allemagne ou en Italie. Il devait étudier la situation en Europe « en tant que personne privée » et écouter les arguments et les souhaits des Allemands et des Italiens. Sorge informa en détail Moscou sur les préparatifs de cette visite et ses informations essentielles ont permis à Staline et Molotov de bien préparer leur rencontre avec Matsuoka.

Sur le chemin du retour, Matsuoka dut s'arrêter à Moscou, où il a été autorisé à entamer des négociations dans la perspective de conclure un traité permettant rétablir « les relations amicales » du Japon avec l'Union soviétique.

Cependant, Ribbentrop espérait toujours convaincre Matsuoka d'accepter l'idée de l'opération de Singapour et, en cas de détérioration des relations germano-soviétiques, d'entraîner le Japon du côté de l'Allemagne. Selon Ott, l'ambassade a estimé que toute négociation japonaise à Moscou serait assez éphémère et ne concernerait que les questions économiques.

En fait, Matsuoka n'a fait aucune déclaration contraignante pendant ses négociations avec Hitler et Ribbentrop, se conformant strictement aux instructions reçues à Tokyo.

Hitler laissa entendre que les relations germano-soviétiques pourraient se détériorer, et Matsuoka a répondu que le Japon pouvait entamer des négociations avec le gouvernement soviétique « pour apaiser les tensions entre les deux pays ».

Cependant, les résultats de la visite de Matsuoka à Moscou furent à la fois surprenants et inattendus.

Le 13 avril, il signa à Moscou le pacte de neutralité sovieto-japonais mettant fin aux problèmes frontaliers en Mandchourie et en Mongolie. Cet accord était accompagné d'un échange de notes sur les futures négociations autour du commerce, de la pêche et des questions controversées concernant l'île de Sakhaline.

L'autorisation de signer cet important accord né en vingt-quatre heures de négociations intenses entre Molotov et Matsuoka est arrivée de Tokyo par radio, et le pacte a ensuite été ratifié par le Conseil privé. En effet, Staline était convaincu qu'il ne pouvait y avoir de rupture dans les relations entre la Russie et l'Allemagne et que le Japon commencerait la guerre vers le sud par la Chine, et non vers le nord contre l'URSS.

Le gouvernement allemand et l'ambassadeur Ott ont été surpris par cet accord sovieto-japonais. Ott a informé Sorge de l'avancement des négociations à Berlin et a ajouté que « en signant le pacte de neutralité, Matsuoka a posé un acte auquel l'Allemagne ne s'attendait pas, dont elle ne voulait pas ».

Cependant, Matsuoka lui-même, de retour de Moscou, tenta de rassurer Ott en lui affirmant qu'en cas de guerre entre l'Allemagne et la Russie, le pacte de neutralité nippo-soviétique serait annulé et qu'« alors il ferait tout ce qui était en son pouvoir pour que le Japon dénonce le pacte qu'il avait lui-même conclu. » Interrogé plus tard en novembre 1942 dans le contexte de l'affaire Sorge, Matsuoka a catégoriquement nié avoir parlé à Ott à Tokyo lors de son retour de Moscou, affirmant qu'il avait dit à Hitler et à Mussolini qu'il « continuerait les négociations sur l'Union soviétique »

Matsuoka a également nié avoir dit à Ott que les négociations à Moscou n'annuleraient pas du tout la triple alliance de septembre 1940, ni que le Japon rejoindrait l'Allemagne en cas de conflit germano-soviétique.

« Je n'ai pas dit cela. La triple alliance avait pour objectif principal d'empêcher l'Amérique d'entrer en guerre. Et le pacte n'obligeait pas le Japon à participer au conflit germano-soviétique, et ce conflit n'annule pas le pacte de neutralité nippo-soviétique. La triple alliance était au cœur de la politique étrangère japonaise et, dans certaines circonstances, le Japon ne se sentirait pas lié par un pacte de neutralité. Staline et Molotov savaient bien que le Japon n'avait pas conclu de pacte de neutralité pour annuler la triple alliance. »

De toute manière, la diplomatie allemande venait de subir un revers majeur. En avril, des négociations ont commencé entre Tokyo et Washington, et l'idée d'une attaque japonaise contre Singapour a disparu sans laisser de trace. Quand Ozaki a demandé au premier ministre Konoe :

« Et Singapour ? » Le Premier ministre japonais a répondu : « C'était le jeu personnel d'Ott. »

Désormais, après le déclenchement de la guerre en Europe et surtout après la visite de Matsuoka à Moscou, le Kremlin ne pouvait sous-estimer la haute qualité des informations politiques ultrasecrètes provenant du groupe Sorge.

Mais si ce dernier était ravi de la conclusion du traité de neutralité russo-japonais, il doutait néanmoins que le Japon restât neutre en cas de guerre entre l'Allemagne et l'Union soviétique.

Dans ce contexte, Ozaki a analysé la réaction générale de Tokyo au pacte de neutralité soviéto-japonaise et il a déclaré à Sorge que « les partis politiques se félicitent du pacte, comme en témoigne le fait que Konoe a personnellement rencontré Matsuoka après son retour de Moscou. »

Le grand public salua également l'accord, qui contribua à la popularité de Matsuoka après son retour à Tokyo.

Sorge et Ozaki se sont concentrés dans les semaines suivantes sur l'étude des préparatifs militaires japonais dans le nord.

Nous l'avons vu, fin 1940 ou début 1941, Sorge avait reçu l'ordre de Moscou d'envoyer un rapport détaillé sur les formations de combat de l'armée japonaise : le nombre et la numérotation des divisions, leur déploiement, les noms des commandants et officiers supérieurs.

Sorge, Ozaki et Miyagi réussirent à préparer un schéma approximatif, qui a été magnifiquement dessiné par Miyagi.

Selon Sorge, « ce schéma est devenu le meilleur travail de notre groupe. Moscou, semble-t-il, en était également satisfait »

Cet aperçu complet des formations de combat des divisions d'infanterie de l'armée japonaise était une réalisation technique importante. Au cours de la première phase de la guerre dans le Pacifique, les alliés ont découvert que l'Union soviétique disposait des informations les plus fiables sur l'armée japonaise grâce au travail du groupe Sorge pendant l'hiver 1940-1941.

Outre les informations de nature purement militaire, le développement des relations entre Tokyo et

Washington était d'un grand intérêt pour le groupe de Sorge.

L'armée et la marine japonaises, ainsi que les cercles nationalistes au Japon, s'opposèrent obstinément au retrait des forces armées japonaises de la Chine surtout quand les États-Unis ont annoncé en avril 1941 qu'ils étaient prêts à servir d'intermédiaire entre le Japon et Chiang Kai-shek.

Mais en mai 1941, Sorge entendit à l'ambassade d'Allemagne une version selon laquelle Hitler avait envoyé Hess en Grande-Bretagne en dernier recours pour parvenir à un accord de paix avec la Grande-Bretagne avant le déclenchement de la guerre contre l'Union soviétique. Ainsi, Sorge en tirait la conclusion que, malgré le pacte de non-agression, une attaque allemande contre l'Union soviétique était inévitable.

En mai 1941, Sorge décida de se rendre personnellement à Shanghai pour analyser sur place la position des autorités japonaises en Chine à l'égard de la médiation américaine. L'ambassadeur d'Allemagne à Tokyo lui demanda expressément d'effectuer cette « mission politique ». Sorge partit donc comme courrier d'ambassade avec un passeport diplomatique allemand portant des dépêches adressées au consul général de Berlin à Shanghai. Ici, il a rencontré non seulement des observateurs allemands, mais aussi le consul général du Japon, des officiers supérieurs de l'armée et de la marine et le chef du « bureau spécial ».

« Environ 90% d'entre eux étaient absolument contre l'idée d'une médiation américaine. On m'a dit que si Konoe et Matsuoka continuaient à faire des concessions, ils feraient certainement face à l'opposition la plus violente. Et quand j'ai entendu cela, j'ai eu l'impression que les négociations nippo-américaines finiraient certainement par un échec. »

Sorge a affirmé qu'il avait envoyé un rapport chiffré à l'ambassadeur Ott, « qui l'a transmis au gouvernement allemand sans aucune correction ».

Comme on le sait par les dépêches de Sorge adressées à Moscou et désormais déclassifiées, il a envoyé le même rapport par radio à Moscou dès son retour à Tokyo.

Le 10 mars 1941, « Ramsay » annonça que l'Allemagne attaquerait l'URSS « à la fin de la guerre actuelle ». À cette époque, la guerre en Europe était en fait terminée : seules certaines parties de l'armée française résistaient à l'Allemagne, des batailles locales étaient livrées avec les Britanniques dans les Balkans, en Afrique du Nord et dans les mers. Dans l'ensemble, cette prévision pouvait être considérée comme vraie.

Le 2 mai, Ramsay précisait : « La décision de déclencher une guerre contre l'URSS sera prise par Hitler soit dans les prochains jours, soit après la guerre avec l'Angleterre ».

Le 19 mai, il complétait: « De nouveaux représentants allemands, arrivés ici de Berlin, déclarent que la guerre entre l'Allemagne et l'URSS peut commencer fin mai. Mais ils ont aussi dit que cette année, le danger pourrait passer ».

Sorge avait une idée beaucoup plus claire de la politique japonaise et la diffusait régulièrement à Moscou.

Le 30 mai cependant, des nouvelles parvinrent à Tokyo depuis la capitale du Reich: « Berlin informa Ott, alors ambassadeur d'Allemagne au Japon, que l'attaque allemande contre l'URSS commencerait dans la seconde quinzaine de juin ».

Un jour plus tard, une date précise apparaît. Vers la même époque, Staline commençait à perdre patience: « En attendant le début de la guerre germano-soviétique vers le 15 juin »...

Le 15 juin, il faut s'excuser pour l'erreur: « Le courrier allemand a dit à l'attaché militaire qu'il était convaincu que la guerre contre l'URSS était retardée, probablement jusqu'à la fin juin. L'attaché militaire ne sait pas s'il y aura une guerre ou non ».

Mais le 20 juin: « Ott m'a dit qu'une guerre entre l'Allemagne et l'URSS est inévitable ».

À la 4ème Direction, le nouveau patron est un certain Golikov. Ses prédécesseurs ont été fusillés et il n'a guère confiance en Sorge.

Il en conclut que s'il veut survivre, il ne doit dire à Staline que ce que celui-ci a envie d'entendre. Enfin, et surtout, d'après Golikov, la *rezidentura* de Tokyo abrite un traître.

Les soupçons de Staline à propos d'une conspiration anglaise ont été renforcés par les tentatives de Churchill de l'avertir des véritables intentions d'Hitler. De tous les hommes d'État occidentaux, c'est à Churchill que Staline accordait le moins de confiance. Même pendant la guerre civile, il avait prêché une croisade anti-bolchevique. Churchill avait organisé une campagne pour rompre les relations diplomatiques avec l'URSS en 1927. Maintenant, il était de retour au pouvoir et Staline croyait que Churchill tramait une nouvelle conspiration anti-soviétique.

Golikov, qui privilégia toujours sa carrière et devint plus tard maréchal, porte une énorme responsabilité devant le désastre du début de la guerre car il a non seulement censuré les meilleurs télégrammes de Sorge mais, selon la très juste analyse du général Toupikov à Berlin, Golikov a surtout submergé Staline par une très grande quantité d'informations crues et souvent contradictoires.

La « Liste des rapports du renseignement militaire sur les préparatifs de l'Allemagne pour la guerre contre l'URSS (janvier-juin 1941) », préparée en juin 1941, contenait des preuves irréfutables de la préparation de l'Allemagne à une attaque. Au total, 56 documents sont inclus dans la liste. Parmi ceux-ci, seulement 37 rapports ont été signalés à Staline.

Dans la seconde quinzaine de mars 1941, l'attaché militaire en Allemagne, le général de division Tupikov, envoya notamment à Moscou un « Rapport sur la puissance au combat, la force numérique de l'armée allemande déployée et son groupement au 15/03/41 ». Le rapport contenait plus de 100 fiches dactylographiées, 30 schémas de structures organisationnelles d'unités de combat de l'armée allemande, des schémas du groupement des troupes et du groupement de l'armée de l'air allemande, des schémas de l'organisation du corps d'armée allemand, des tableaux récapitulatifs du plan de bataille, la force des unités d'artillerie de la Wehrmacht et un certain nombre d'autres matériaux. Les données étaient extrêmement précises.

Dans la seconde quinzaine d'avril, Golikov reçut de Tupikov le rapport suivant: « Regroupements de l'armée allemande au 25.04.41. » Analysant l'état des relations germano-soviétiques dans le contexte d'une visite à Moscou du ministre japonais des Affaires étrangères Matsuoka, Tupikov informe Golikov que l'affrontement entre l'Allemagne et l'URSS est « une question de temps, et le temps n'est pas si lointain ». Tupikov attira l'attention sur le fait que « le regroupement de l'armée allemande s'est invariablement déplacé vers l'est depuis l'automne 1940… et jusqu'à 118-120 divisions » se trouvent déjà en Prusse orientale, en Pologne et en Roumanie.

Le graphique « Schéma d'options possibles pour les actions de l'Allemagne contre l'URSS », que Tupikov a personnellement exécuté, était particulièrement intéressant. L'une des trois options présentées reflétait fidèlement l'intention d'attaquer l'URSS.

Tupikov est arrivé à des conclusions qu'il a rapportées au chef du renseignement militaire :

1. Dans les plans de guerre allemands, l'URSS apparaît comme un autre ennemi.

2. Le moment du début de la collision : bien sûr, dans l'année en cours.

En avril-mai 1941, des informations continues sont donc arrivées à l'ambassade d'Allemagne à Tokyo, confirmant le mouvement de l'armée allemande aux frontières soviétiques. Il a également été rapporté que la construction des fortifications allemandes à la frontière orientale était terminée.

Dans ce contexte, Sorge donna la priorité à la collecte des indices d'une attaque allemande imminente contre l'Union soviétique.

Et cependant, Sorge n'envoya pas à Moscou de documents secrets mais des analyses très pointues et des signes indirects de l'attaque contre l'URSS qui sont apparus chaque semaine. Le nouvel attaché militaire allemand au Japon, le colonel Kretschmer, fut chargé à ce moment-là d'informer le ministère japonais de la Défense que l'Allemagne était censée prendre des mesures contre la concentration des troupes soviétiques sur ses frontières orientales. C'étaient des instructions très détaillées, y compris une carte des dispositions militaires soviétiques. Plus tard, Sorge a affirmé qu'il s'était entretenu avec Kretschmer et avait appris de lui que « bien qu'il ne soit pas encore clair si une telle situation conduirait ou non à des hostilités », l'Allemagne avait achevé des préparatifs militaires à très grande échelle, et elle pourra forcer l'Union soviétique à céder à ses exigences, même si celles-ci n'avaient pas encore été formulées.

Sorge prit conscience que « la décision concernant la paix ou la guerre dépendait uniquement de la volonté d'Hitler et non des relations avec la Russie ».

D'ailleurs, la date du début de la guerre n'était pas connue. Hitler n'a pris sa décision définitive que le 30 avril, mais même alors, il avait plusieurs options : il a changé plusieurs fois les dates et mena personnellement une opération de désinformation d'envergure exceptionnelle pour camoufler la véritable date de l'attaque allemande contre l'URSS.

Finalement, c'est le 18 juin que les troupes ont reçu le signal secret et à partir de ce moment, plusieurs milliers de personnes ont été mises dans la confidence.

L'ordre du Führer a été lu aux soldats à 13h00 le 21 juin. Pourtant, même après cette annonce officielle, Moscou a appris l'attaque à venir non par ses agents mais par des transfuges allemands, deux ou trois, selon les sources.

En mai 1941, l'envoyé spécial du ministre allemand de la Défense, le colonel Ritter von Niedermeier, arriva à Tokyo avec une lettre d'introduction du Dr Herbert von Dierksen, ancien ambassadeur d'Allemagne au Japon. Elle était adressée à Sorge.

D'une conversation avec Niedermeier, Sorge apprit que la guerre contre l'Union soviétique était une affaire décidée. L'Allemagne avait l'intention d'occuper le grenier soviétique d'Ukraine et d'utiliser des prisonniers de guerre russes pour combler la pénurie de main-d'œuvre en Allemagne.

Hitler était convaincu que seule une attaque contre la Russie pouvait donner l'assurance que la menace contre les frontières orientales du Reich serait supprimée. Selon Sorge, « Hitler est convaincu que le moment est venu de s'attaquer à la Russie et qu'il sera impossible de forcer le peuple allemand à se battre avec la Russie après la fin de la guerre avec l'Angleterre ».

Ces rapports ont fait l'objet d'un débat entre Sorge et son principal collaborateur Ozaki. Comme l'a fait valoir Ozaki, « trois mois avant l'attaque allemande, Sorge avait indiqué qu'il existait un réel danger d'une telle attaque. Et presque avant l'attaque, j'ai dit à Sorge : "Si l'Allemagne exige du pétrole du Caucase et du blé d'Ukraine, l'Union soviétique aurait dû éviter la guerre même au prix de concessions économiques décisives". »

Sorge a répondu : « La Russie cédera si l'Allemagne fait de telles demandes, ce que nous craignons, c'est une invasion allemande surprise sans aucune demande ». Il a souligné « qu'il y a une très grande probabilité d'une guerre russo-allemande ».

Le sort de l'Union soviétique pourrait bien dépendre de l'exactitude et de la fiabilité de leurs informations. Les dangers dans leurs activités quotidiennes étaient enfin éminemment justifiés, et leurs extraordinaires talents pleinement mobilisés.

Peu de temps après la visite du colonel von Niedermeier au Japon, l'officier d'état-major allemand Scholl est arrivé à Tokyo. Il apportait des instructions ultrasecrètes à l'attention de l'ambassadeur d'Allemagne à Tokyo « concernant les mesures nécessaires à prendre en rapport avec la guerre entre l'Allemagne et l'Union soviétique, dont la question a été définitivement résolue ».

Scholl a transmis à Sorge ses impressions. Il ne s'agissait pas d'informations documentées car les six exemplaires du plan Barbarossa restaient secrets.

Selon les impressions de Scholl, la guerre de l'Allemagne contre l'URSS commencerait le 20 juin, plus ou moins deux ou trois jours, mais les préparatifs étaient déjà terminés: 170-190 divisions allemandes déjà concentrées sur les frontières orientales, pas d'ultimatum, pas de déclaration de guerre. Selon Hitler, l'armée rouge s'effondrerait et le régime soviétique tomberait dans les deux mois.

Ces rapports préliminaires de Sorge, mettant en garde contre une attaque allemande imminente envers l'Union soviétique, représentent l'une des réalisations importantes du groupe.

Le 5 mars 1941, par exemple, Sorge a transmis à Moscou un microfilm contenant les textes de télégrammes de Ribbentrop à Ott, dans lesquels la date de l'attaque allemande est annoncée mi-juin.

Certes, il n'a jamais donné la date exacte de l'attaque allemande contre l'URSS, contrairement aux affirmations des Soviétiques lors de sa réhabilitation posthume en 1964.

Mais les messages historiques et vitaux pour la Russie ont été bel et bien transmis depuis la maison Clausen, où Sorge et Ozaki s'étaient réunis.

Clausen décrivit la scène ainsi:

« Chaque heure, nous attendions de nouvelles informations, une confirmation et, surtout, des messages sur les démarches diplomatiques et militaires du gouvernement soviétique. Nous étions conscients de l'importance de notre message, mais nous n'avons néanmoins jamais reçu de réponse. Et quand la guerre a vraiment éclaté, Richard était furieux. Il a demandé dans la confusion : "Pourquoi Staline est-il resté inerte ?" »

Bien sûr, les renseignements sur l'attaque imminente de l'Allemagne contre la Russie sont parvenus à Staline de nombreuses sources différentes, y compris de Prague et du gouvernement britannique à Londres.

Pour Sorge et son groupe, les jours et les semaines qui ont suivi l'attaque allemande ont été d'une grande importance. Le sort même de la Russie dépendait des intentions immédiates du gouvernement japonais, et seul le groupe Sorge pouvait continuer à informer Moscou de l'évolution de la situation. Plus tard, Staline dira au premier ministre britannique Winston Churchill que seuls six mois de paix ont manqué à l'Union soviétique.

Il aurait dit aussi que nous avons au Japon « un agent secret qui vaut une armée ».

La guerre devient inévitable

Selon Staline, la guerre devient inévitable après l'annexion de l'Autriche par l'Allemagne, ratifiée par référendum en avril 1938. Les nazis envahissent la Tchécoslovaquie et occupent la région des Sudètes, sous le regard d'autant plus asthénique des pays occidentaux qu'ils redoutent la guerre, et que nombre de milieux européens voient en Hitler le seul rempart face à Staline. À la conférence de Munich, du 29 au 30 septembre 1938, ont lieu des négociations auxquelles l'URSS n'est pas invitée. Adolf Hitler, Benito Mussolini, Neville Chamberlain et Édouard Daladier actent en un temps record la désintégration de la Tchécoslovaquie au profit du IIIe Reich. Winston Churchill en tira ce jugement prophétique: « À Munich, nous avions le choix entre la honte et la guerre; nous avons choisi la honte et nous allons avoir la guerre ».

L'autre conséquence sera de provoquer un rapprochement entre Hitler et Staline. Persuadé qu'avec Munich, les Occidentaux ont donné un blanc-seing au Reich pour se retourner contre l'URSS, et compte tenu de la quasi-absence de pourparlers avec la France et le Royaume-Uni depuis mars 1939, Moscou décide de court-circuiter Paris et Londres en acceptant le contact avec Berlin. Étrange situation : ce sont les nazis qui sont demandeurs, avec un projet de voyage à Moscou du ministre allemand des Affaires étrangères Joachim von Ribbentrop.

Le 26 juillet 1939, le Legationrat Karl Schnurre, chef des négociateurs économiques allemands, rencontre secrètement le chargé d'affaires soviétique à Berlin dans un grand restaurant de la ville. Sur instruction de Ribbentrop, il tient un discours direct :

« Qu'est-ce que l'Angleterre peut offrir à la Russie ? Au mieux, une participation à une guerre européenne, ainsi que l'hostilité de l'Allemagne. Qu'avons-nous à vous offrir ? La neutralité, et votre maintien à l'écart d'un éventuel conflit européen. Par ailleurs, en dépit de nos différences idéologiques, nos deux pays ont un point commun : l'opposition aux démocraties capitalistes. »

Ce langage, Staline l'entend parfaitement. Il se fait communiquer les rapports des services de renseignement soviétiques sur l'importance des forces armées allemandes, et parcourt attentivement *Mein Kampf* en repérant les passages dans lesquels le Führer parle de son objectif à long terme : assurer l'avenir de l'Allemagne en acquérant un espace vital à l'Est, aux dépens de la Russie.

Il note aussi qu'Adolf Hitler écrivait en 1913 : « Les mots ne doivent avoir aucun rapport avec les actes. Autrement, est-ce de la diplomatie ? Les mots sont une chose, les actes en sont une autre. Les bonnes paroles sont un masque pour dissimuler des actions mauvaises. II n'y a pas plus de diplomatie sincère que d'eau sèche ou de fer en bois ! »

Cependant, en ce début d'été 1939, Hitler décide de s'adresser directement par courrier à Staline. « Je suis convaincu que l'essentiel du protocole additionnel souhaité par l'Union soviétique peut être mis au point dans les délais les plus brefs si un homme d'État allemand responsable peut venir lui-même à Moscou pour négocier... Je propose donc une nouvelle fois que vous receviez mon ministre des Affaires étrangères le 22 août ou, au plus tard, le 23. Il aura pleins pouvoirs pour rédiger et signer le pacte ainsi que le protocole... Je serais heureux de recevoir votre réponse rapidement. Adolf Hitler. »

Staline estime alors qu'on peut « faire des affaires avec le Führer ». Il le lui écrit : « Je vous remercie de votre lettre. J'espère que le pacte de non-agression germano-soviétique marquera un tournant décisif pour l'amélioration des relations politiques entre nos deux pays ».

Connu aussi sous le nom de pacte Ribbentrop-Molotov, du nom des deux ministres des Affaires étrangères qui l'ont négocié, cet accord est en deux parties :

un volet économique qui prévoit que l'Allemagne échangera des biens manufacturés contre des matières premières soviétiques, et un pacte de non-agression mutuelle d'une durée de 10 ans. Signé le 23 août 1939.

Deux jours plus tôt, Ribbentrop est à Moscou. Staline juge la déclaration liminaire d'amitié présentée par la partie allemande « ampoulée et excessive ». Il grommelle : « Alors qu'on s'est déversé pendant six ans des seaux d'ordures sur la tête, on ne peut quand même pas s'attendre à ce que les deux peuples croient que tout est oublié et pardonné. L'opinion publique en Russie, et sans aucun doute aussi en Allemagne, doivent être préparées lentement à ce changement ».

Ce qui intéresse véritablement le chef du Kremlin dans cette affaire, c'est le protocole secret : les Allemands proposent de diviser la Pologne en deux sphères d'intérêt, l'une allemande, l'autre soviétique. Le Reich réclame la Lituanie avec Vilnius ainsi que la partition de la Lettonie tandis qu'il garantit à l'URSS sa zone d'influence en Finlande et en Estonie. Staline veut toute la Lettonie, Ribbentrop télégraphie donc au Führer lequel, après avoir regardé un atlas, accepte. On se croirait ici dans la fameuse scène du film *Le dictateur* où Charlie Chaplin grimé en Adolf Hitler joue avec un ballon en forme de globe terrestre qu'il fait sauter en l'air et rebondir. C'est ainsi que sera envisagée la quatrième partition de la Pologne. Staline récupère une partie de la Biélorussie et de l'Ukraine annexées par la Pologne en 1920, avec une solide portion de la Pologne ethnique ; plus trois des quatre États baltes perdus en 1917, ainsi que la Bessarabie, abandonnée à la Roumanie en 1918. Ce protocole fut mis au point dans le plus strict secret par les deux parties.

Staline a de quoi se féliciter de cet accord. D'abord, avec la disparition de la Pologne. Ensuite, si comme il l'espère, Hitler s'engage dans une action de longue haleine contre la France et l'Angleterre, il lui sera difficile d'ouvrir un front supplémentaire à l'Est. À l'inverse, en cas de défaite du Reich, le régime nazi serait renversé par une révolution bolchevique. En tout état de cause, l'Union soviétique sort gagnante. Rapprochement avec l'Allemagne, partage de la Pologne et garantie de l'intégrité du territoire de l'URSS, le dictateur rouge s'inscrit dans la ligne des tsars de la Russie éternelle. Tandis qu'on prépare les textes pour la signature, le maître du Kremlin entraîne Ribbentrop dans le somptueux salon où se déroulera le dîner. Il propose à son hôte de porter un toast à Adolf Hitler : « Je sais combien la nation allemande aime son Führer ; je veux donc boire à sa santé ». Soirée d'exception pour les « deux nations qui ne devront jamais plus se combattre », dit Ribbentrop. « C'est ce qu'on espère », rétorque Staline.

À la table garnie de porcelaine impériale, on sert un dîner de vingt-quatre plats, avec caviars de toutes sortes, vodka et champagne, puis on trinque en l'honneur de chacun des invités. Avec un sourire goguenard,

Staline suggère soudain de lever son verre en l'honneur de Lazare Kaganovitch, seul juif présent à la soirée: « A notre commissaire du Peuple chargé des chemins de fer ! » Il fait le tour de la table, Ribbentrop le suit, et le voilà qui porte un toast à un Juif. Kaganovitch a dû apprécier l'instant, car il ne manquait pas d'un certain humour. Un jour, Churchill lui demandera comment il faisait pour que les trains se coordonnent et arrivent toujours à l'heure dans son immense pays. « Quand un chauffeur de locomotives commet une faute, on le zigouille », répondra ce dernier, en faisant le geste de trancher une gorge.

Pendant que les gouvernants portent des toasts à la vodka, les diplomates et les militaires mettent la dernière main aux cartes secrètes qui seront prêtes à l'aube. Au soir de l'accord signé par Molotov, Staline confiera non sans lucidité à son ministre: « Peut-être avons-nous gagné deux ou trois ans de paix ».

Forte du pacte germano-soviétique, l'Allemagne va donc attaquer la Pologne le 1er septembre 1939, sans crainte d'une intervention soviétique. Le 3 septembre, la Grande-Bretagne et la France, qui s'étaient engagées à protéger les frontières de la Pologne, déclarent la guerre au Reich. Staline, quant à lui, attend le 17 septembre pour entrer dans la partie orientale de la Pologne. Le 28 septembre, le partage est accompli, et acté par traité.

Alliée de l'Allemagne nazie, l'URSS va poursuivre son avantage en occupant la Finlande, puis en annexant les États Baltes et de la Bessarabie. Hitler, cependant, considère l'entente avec Staline comme une manœuvre tactique.

Dès le 18 décembre, il signe la Directive 21, nom de code "Opération Barbarossa" : « Les forces armées allemandes doivent être prêtes à écraser la Russie soviétique en une campagne rapide, avant même la conclusion de la guerre contre l'Angleterre. Les préparatifs doivent être achevés le 15 mai 1941 ». Le Führer envisage une guerre d'anéantissement de l'État communiste, ainsi que des Juifs, considérés comme un fondement racial de l'URSS.

Pourquoi le Kremlin ignore-t-il cette nouvelle donne, alors que la pénétration des démocraties occidentales par ses services est des plus performantes ? Nombre de documents ultrasecrets arrivent à Moscou avant que le président américain, le Premier ministre britannique ou le président du Conseil français n'en prennent connaissance.

Staline n'est pas seulement tenu au courant par ses espions, il l'est aussi par voie diplomatique. Le 3 avril 1941, Churchill en personne lui adresse un message pour l'informer de source sûre d'une opération prévue pour la mi-juin. Mais il ne répond pas. Les Britanniques insistent par télégramme : mutisme persistant du dictateur qui demeure persuadé qu'il s'agit d'une désinformation propagée par Londres. Pour lui, les démocraties sont aussi dangereuses, sinon pires que l'Allemagne nazie. « Je les ai vues intervenir durant la guerre civile ! » grommelle-t-il.

Dans ses mémoires, le maréchal Joukov – futur vainqueur de Hitler – évoque un rapport adressé à Staline où sont identifiés les objectifs de trois groupes d'armées du Reich, avec les dates probables de l'attaque. Le général Filipp Golikov, chef de la division du renseignement militaire (GRU), transmet ses rapports à Staline sous deux classifications : "sources fiables" et "sources douteuses". Parallèlement, il donne cette instruction à ses agents : « Tous les documents prétendant que la guerre est imminente doivent être considérés comme des trucages de sources britanniques ou même allemandes. » Le général est bien conscient que Staline ne prendra en compte que les rapports qui pourront confirmer sa conviction qu'Hitler n'a pas l'intention sérieuse d'attaquer l'Union soviétique à l'été de 1941. Les autres, il les met de côté et n'en avertit pas son État-major. C'est ainsi que la majorité des renseignements vitaux transmis par le maître espion Richard Sorge seront classés « sources douteuses ». Golikov, qui ne correspond sur ces questions qu'avec le seul Staline, n'est pas autorisé à en faire part à Joukov, chef d'État-major général, ni à Timochenko, commissaire à La Défense

Ancré dans ses certitudes, le maître du Kremlin tient cependant à se conforter en signant un pacte de non-agression avec le Japon, qu'il laissera libre de combattre la Grande-Bretagne et les États-Unis.

Début avril 1941, durant une semaine complète, les négociations sont difficiles, le ministre japonais des Affaires étrangères Yosuke Matsuoka se montrant intransigeant face aux exigences soviétiques. Il s'apprête à quitter Moscou lorsqu'au soir du 12 avril, Staline l'appelle au Kremlin. « Vous me prenez à la gorge », lui dit-il en mimant le geste. Finalement, le pacte de neutralité est conclu avec un Staline qui s'affirme haut et fort comme « un adhérent convaincu de l'Axe et un adversaire de l'Angleterre et de l'Amérique ». Il tient tellement à ce que Hitler le sache qu'à la gare du transsibérien d'où va repartir le ministre japonais, il arrive en compagnie de Molotov pour saluer Matsuoka sur le quai. « Le problème européen », dit-il assez haut et fort pour être entendu de tous, « peut être résolu d'une manière naturelle si le Japon et les Soviétiques coopèrent ». Puis il se dirige vers l'ambassadeur allemand, Friedrich-Werner von der Schulenburg et, lui passant un bras autour de l'épaule, déclare : « Nous devons rester amis, et vous devez tout faire maintenant pour cela ». Serrant chaleureusement à deux mains celle de l'attaché militaire allemand, le colonel Hans Krebs, il ajoute : « Nous resterons amis avec vous, quoi qu'il arrive ! »

Comme prévu, le message est rapporté par les diplomates à leurs gouvernements respectifs. Von der

Schulenburg adresse un mémorandum à Berlin où il expose les raisons pour lesquelles la Russie n'a pas l'intention d'attaquer l'Allemagne. Peu après, il rencontre Adolf Hitler, qui persiste à manifester la plus grande méfiance. À la fin de l'entretien, le Führer a alors un mot extraordinaire. Alors que le diplomate va franchir la porte, il le rappelle : « Oh, encore une chose ! Je n'ai pas l'intention de faire la guerre à la Russie… » De retour à Moscou, von der Schulenburg n'est pas dupe. Il confie à son adjoint que le Chancelier lui a froidement menti.

Les semaines passent. Le 5 mai 1941, Staline prend la parole devant un banquet de nouveaux diplômés des académies militaires et d'officiers de haut rang où il évoque un danger de guerre avec l'Allemagne. Comme toujours, il a deux fers au feu et se ménage des assurances : dès le lendemain, il prend la tête du gouvernement, fonction qu'il cumulera avec celle de secrétaire général du parti. Comme Molotov demeure président adjoint du conseil des commissaires du peuple et ministre des Affaires étrangères, on en conclut que la situation internationale est telle que Staline ne veut rien déléguer. Au vu de la persistance de Staline à ne pas croire à une attaque allemande, Gnedich, responsable des informations sur l'éventualité d'une attaque allemande, fera cette analyse : « Il a pris la direction du gouvernement non pour préparer la guerre, mais pour trouver un accord avec Hitler ».

Le 16 juin, un message en provenance d'un agent soviétique, infiltré au quartier général de la Luftwaffe, confirme la préparation d'une offensive allemande. « Dites à cette source d'aller se faire foutre ! », vocifère le dictateur.

Cela étant, parce qu'il joue toujours sur deux tableaux, il envoie des messages contradictoires. Le 18 juin, lors d'une réunion avec le haut commandement, il ordonne à son chef d'Etat major, Gueorgui Joukov, de placer les troupes massées à la frontière occidentale de l'URSS en état d'alerte maximale pour riposter en cas d'attaque allemande.

Durant les trois heures que dure la séance, il tapote nerveusement sa pipe sur la table... Le 20 juin, l'attachée militaire soviétique à Berlin l'avertit de l'imminence de l'attaque. Qualifiant encore cette nouvelle de « désinformation », Staline le traite d'imbécile, tout en enjoignant au commandant de Moscou que les équipes de défense antiaérienne de la capitale soient prêtes à combattre. Par ailleurs, il fait libérer onze mille cent soixante-dix-huit officiers expérimentés victimes des purges. Il interroge l'un d'entre eux, un futur maréchal, Constantin Rokossovski, qui n'avait plus d'ongles : « On t'a torturé en prison ? » – Oui, camarade Staline. – Il y a eu vraiment trop de béni-oui-oui dans ce pays », soupire le tyran avec le plus grand cynisme.

La Luftwaffe, quant à elle, intensifie son espionnage. Plus de deux cents vols de reconnaissance sont ainsi opérés pour localiser et photographier les bases soviétiques. Mais le tsar rouge interdit toute riposte pour éviter de provoquer le Reich. Sa volonté est suivie à la lettre par Joukov. Lorsqu'à la mi-juin, des unités soviétiques du district militaire de Kiev sont déplacées dans des zones d'avant-postes, le maréchal envoie un télégramme furieux au commandant responsable: « De telles actions peuvent immédiatement pousser les Allemands au conflit armé. Annulez l'ordre sur-le-champ ». Quand les officiers s'inquiètent, ils reçoivent cette seule réponse: « Ne vous inquiétez pas, le chef est au courant de tout ». Deux mille cinq cents trains spéciaux du Reich ont acheminé des équipements et des troupes à l'Est jusqu'à la mi-mars. Au cours des dix semaines suivantes, leur nombre s'élève à dix-sept mille. Une telle concentration de forces peut difficilement passer pour de simples manœuvres.

Les échanges codés allemands déchiffrés par les Britanniques ne laissant plus aucun doute, le chef du *Foreign Office,* Sir Alexandre Cadogan, rencontre l'ambassadeur Ivan Maisky le 10 juin et lui livre un compte rendu détaillé – dates, effectifs et noms – du déploiement des troupes allemandes le long de la frontière soviétique. Maisky transmet l'information. La seule réponse de Staline consistera en une déclaration radiodiffusée le 13 juin par l'agence Tass dénonçant « une maladroite manœuvre de propagande des forces mobilisées contre l'Union soviétique et l'Allemagne ».

Molotov, quant à lui, convoque l'ambassadeur d'Allemagne pour lui remettre une copie de la déclaration publiée par l'agence de presse soviétique Tass où il est dit que l'Allemagne n'ayant aucune revendication à l'adresse de l'URSS et les deux pays appliquant à la lettre les conditions du pacte germano-soviétique, les cercles soviétiques considèrent les rumeurs de projets d'offensive allemande comme sans fondement. Celles de préparatifs russes pour une attaque du Reich sont également fausses et provocatrices. L'appel aux réservistes de l'Armée rouge est une opération de routine qui se déroule chaque année, l'interpréter comme une action hostile à l'Allemagne est un non-sens.

Le même jour, alors que le Führer tient une dernière réunion de ses principaux chefs militaires, le commissaire à la défense Timochenko et le chef d'État-major Joukov vont voir Staline pour lui demander avec insistance la mise en alerte des forces russes. Le dictateur reste circonspect : « Vous proposez une mobilisation. Cela signifie la guerre ! Vous comprenez cela, oui ou non ? » L'amiral Kouznetsov essaie malgré tout de le convaincre en extirpant les derniers rapports sur les mouvements des vaisseaux allemands. « C'est tout ? », demande froidement Staline. Quand l'amiral revient à la charge auprès de Molotov en l'informant que les bateaux du Reich quittent les ports soviétiques sans avoir terminé leurs chargements, et que tous seront partis le 21 juin, son interlocuteur repousse la démonstration : « Il faudrait être fou pour nous attaquer, et le faire seul ».

Au cours des quelques jours restant à courir avant le déclenchement de l'opération Barbarossa, Hitler et Staline montrent tous les deux des signes de fatigue. Hitler ne peut dormir. Il garde sa cour éveillée autour de lui jusqu'à trois ou quatre heures du matin. Sa nervosité est le fruit de son impatience, doublée de l'inquiétude d'un impondérable qui viendrait troubler ses plans. Tout est réglé : les derniers trains de marchandises russes transportant des fournitures pour l'Allemagne seront autorisés à franchir la frontière à minuit, dans la nuit du 21 au 22 juin. Comme avant chacune de ses transgressions internationales, le Führer prépare une proclamation qui rejette toute la faute sur l'Union soviétique accusée d'avoir rompu ses traités, et qui « s'apprête à frapper l'Allemagne dans le dos au moment où elle lutte pour sa vie ». Hitler veut maintenir la fiction d'une guerre préventive visant à empêcher une agression des forces russes concentrées à la frontière. « Avant trois mois, dit-il à son entourage, nous serons témoins d'un effondrement de la Russie, comme il n'en a jamais été vu dans l'histoire. ».

Avec les incessantes incursions de la Luftwaffe en territoire soviétique, la situation se tend. Molotov convoque l'ambassadeur d'Allemagne pour lui remettre une note de protestation. « Avec toute autre nation, dit-il en substance, cela conduirait à un ultimatum ; mais nous sommes sûrs que l'Allemagne cessera les vols. » Il évoque ensuite les rumeurs de guerre et demande pourquoi les Allemands semblent insatisfaits du gouvernement soviétique. Pourquoi n'y a-t-il pas eu de réponse de Berlin à la déclaration de Tass du 13 juin ? Soulagé que les Soviétiques n'aient pas pris conscience de l'imminence de l'invasion, l'ambassadeur répond qu'il n'a pas d'information particulière à cet égard. Ce que les politiques du Kremlin refusent de voir, les militaires, au contraire, le dénoncent. Le 21 juin – veille du déclenchement de l'opération Barbarossa – Timochenko et Joukov pressent Staline de décréter l'alerte aux frontières. Des informations émanant de déserteurs allemands prévoient l'attaque pour le lendemain à l'aube. Staline demande leur avis aux membres du Politburo qui assistent à la discussion. Personne ne répond. Joukov présente un projet d'alerte. Staline objecte : « Il est trop tôt pour donner une telle directive. Peut-être les problèmes pourront-ils être résolus pacifiquement. Les troupes ne doivent répondre à aucune provocation ».

La guerre

22 juin 1941, 2 heures du matin, attaque aérienne de la Luftwaffe sur Sébastopol.

3 heures 30, bombardement de Minsk, à l'ouest, de Kiev, au sud-ouest, et des États baltes. Au cœur de la nuit, le maréchal Joukov appelle le Premier secrétaire qui se repose dans sa datcha de Kountsevo.

« Passez-moi le camarade Staline, s'il vous plaît. C'est urgent.

– Maintenant ? Mais il dort, répond l'officier de service.

– Réveillez-le immédiatement ! Les Allemands bombardent nos villes. »

Trois minutes plus tard, Staline prend le combiné. Joukov demande l'autorisation de riposter. Staline garde le silence. Joukov entend sa respiration haletante. « M'avez-vous compris ? », insiste-t-il. Toujours le silence. Joukov explique de nouveau la situation.

Les espions ont vu juste: Hitler a lancé l'opération Barbarossa. Staline regagne immédiatement le Kremlin. Sur le front de l'Est, plus de cent cinquante divisions, six cent mille pièces d'artillerie et près de trois mille avions allemands, renforcés par des troupes hongroises et slovaques, ouvrent, selon le mot d'Adolf Hitler, «le bal militaire contre l'URSS». Fruit du repérage des avions espions allemands sur les bases aériennes, plus de sept cents appareils soviétiques sont immédiatement cloués au sol. Interdite de mobilisation et affaiblie par les purges, l'Armée Rouge est incapable d'opposer une résistance sérieuse.

À cinq heures quarante-cinq du matin, en ce 22 juin, Staline réunit le Bureau politique. Assis à la grande table recouverte de feutre vert, il ne semble pas accablé. Il est très pâle, sa pipe à la main. Il parle comme à son habitude calmement, choisissant soigneusement ses mots, avec une voix qui, parfois, se brise: il persiste à croire à une provocation des officiers prussiens dans le cadre d'un complot contre le Führer au sein du haut commandement. « Hitler n'est pas au courant, c'est clair » marmotte-t-il, refusant de contre-attaquer avant d'avoir reçu un message du Chancelier.

Quelques minutes plus tard, Molotov annonce: « L'Allemagne vient de nous déclarer la guerre ! » Chef de la diplomatie soviétique, il vient de recevoir l'ambassadeur d'Allemagne qui a prétendu que la concentration des forces soviétiques aux frontières avait contraint le Reich à prendre des mesures militaires adéquates «Est-ce une déclaration de guerre?», lui demanda Molotov éberlué. Puis, se ressaisissant, il ajouta: «C'est une trahison sans précédent dans l'histoire! Nous n'avons pas mérité cela.»

Staline reçoit la nouvelle de plein fouet. Il reste un moment sans réaction, perdu dans ses pensées. Il n'arrive pas à admettre la réalité de l'agression et s'accroche à l'idée qu'il peut encore résoudre ce problème par voie diplomatique. «Évidemment, non!» rétorque Molotov, plus lucide. Staline se tasse dans son fauteuil. Après un lourd et long silence, il donne l'ordre aux troupes de se défendre, mais leur interdit de traverser la frontière à la poursuite éventuelle de l'ennemi. Sans faire aucune mention d'un état de guerre entre l'Allemagne et la Russie, il enjoint au ministère des Affaires étrangères de rester en contact avec Berlin et demande au gouvernement japonais de s'entremettre entre le Reich et l'URSS. Il faut cependant informer le peuple par le biais d'une déclaration à la radio.

– Que Molotov le fasse, ordonne vivement Staline.

À l'annonce rédigée par Staline, Molotov ajoutera cette conclusion emblématique: «Notre cause est juste. Nous battrons l'ennemi, et la victoire sera entre nos mains!»

Bien que l'offensive générale terrestre et aérienne ait commencé depuis trois heures trente du matin le long des frontières de la Baltique à l'Ukraine, ce n'est qu'au cours de l'après-midi que les Soviétiques apprendront la nouvelle. L'avancée ennemie est foudroyante. Sur les lignes de front, c'est le chaos. L'objectif d'Hitler est d'établir au plus vite une ligne de défense contre la Russie asiatique, suivant une ligne allant de la Volga à Arkhangelsk. La Wehrmacht pénètre profondément en Russie, elle inflige d'énormes pertes à l'Armée rouge. Sans parvenir à remporter une victoire décisive avant l'hiver, le pari de la guerre éclair – la *Blitzkrieg* – sur lequel Hitler a tout misé, est mis à mal. Le paradoxe dans ce duel de tyrans est que les deux hommes se ressemblent et que, dans une même violence, leur entêtement les conduira l'un après l'autre à la défaite. Refusant l'avis de ses experts militaires avec le même aveuglement que celui de Staline dans la première moitié de 1941 et plus tard en 1942, Hitler se retrouvera confronté à l'imprudence de son pari, ainsi qu'à l'extravagante folie d'exterminer ou de réduire en esclavage des centaines de millions de personnes. Pour Hitler comme pour Staline, c'est le système fondé sur la terreur, dans lequel l'autorité est concentrée dans les mains d'un seul homme, avec ses propres limites, qui permet d'engager une nation entière, sans protestations, dans des entreprises mortifères.

Staline hésite

Pendant ce temps, l'obsession du tsar rouge est de savoir pourquoi Hitler a violé le pacte germano-soviétique, et à quelles conditions il serait prêt à conclure un armistice. Il charge donc Lavrenti Beria d'utiliser l'un de ses agents d'influence, l'ambassadeur bulgare Ivan Stamenov, pour un contact avec Berlin. Staline, dans les derniers jours de juin 1941, est prêt à abandonner les États baltes, la Moldavie, une bonne partie de l'Ukraine et de la Biélorussie, en échange d'un cessez-le-feu. Beria envoie l'un de ses agents faire part de cette éventualité au cours d'une conversation malgré tout informelle avec l'ambassadeur bulgare, en vue de la transmettre au Führer. Réponse du diplomate : « Même si les Soviétiques devaient battre en retraite jusqu'à l'Oural, les Allemands ne finiraient pas par gagner ». À dire vrai, à ce moment précis, Staline n'a pas saisi l'essence politique d'Adolf Hitler qui ne connaît que la force.

À la fin du mois de juin, la Wehrmacht a opéré une nouvelle percée de cinq cents kilomètres et pris Minsk, capitale de la Biélorussie. Le 28 juin au soir, Staline travaille jusqu'à deux heures quarante du matin.

Les derniers revers de l'Armée rouge ouvrent aux Allemands la route vers Moscou. Après trois heures de sommeil, le dictateur se rend au commissariat à la Défense, accompagné de Beria et Molotov pour avoir des nouvelles du front, mais le chef d'État-major Joukov a temporairement perdu contact avec ses troupes.

« Que se passe-t-il ? » aboie Staline à son adresse.

– Je n'ai pas encore suffisamment d'informations.

– Ton rôle est d'avoir les données en main à tout instant et de nous tenir informés. Tu as peur de nous dire la vérité, voilà tout ! »

Penché sur ses cartes, Joukov réplique froidement :

« Pouvons-nous continuer notre travail ?

– Nous vous gênons, peut-être ? » intervient Beria, froissé par le ton sec du chef d'État-major. Joukov rétorque : « Vous savez bien que la situation est grave sur tous les fronts. Les commandants attendent des ordres, et il vaut mieux que nous nous en chargions.

– Nous aussi, nous pouvons donner des ordres !, grince le chef de police.

– Eh bien, allez-y, qu'est-ce que vous attendez ? »

– Si le Parti l'exige, on le fera !

Joukov interrompt ce déplaisant échange en ne s'adressant plus qu'à Staline.

– Excusez-moi d'être si direct, mais nous devons clarifier une situation compliquée. Ensuite, nous viendrons vous faire notre rapport.

Le tsar rouge s'emporte :

« Pour qui te prends-tu ? Tu te crois supérieur aux autres ? Il faut venir en aide aux troupes sur le front, et c'est à nous tous d'y réfléchir. »

Puis il passe aux invectives :

– Vous parlez d'un chef de Quartier général ! Quel pitoyable chef d'État-major avons-nous là, qui perd le contact avec ses troupes dès le premier jour de la guerre et qui ne commande plus personne ! »

À ces mots, le visage jusque-là impassible de Joukov se décompose. Cet homme qui va affronter avec tant de vaillance les situations les plus tragiques ne peut réprimer un sanglot. Il quitte la pièce, avec Molotov qui lui emboîte le pas.

Plus tard, Joukov revient, visiblement éprouvé par cette scène incroyable. À ce moment, Staline a rejoint sa voiture, où il laisse transparaître son désarroi : « Tout est perdu. J'abandonne. Lénine a fondé notre État et nous avons tout foutu en l'air».

Il retourne sur-le-champ à sa datcha pour ne pas revenir au Kremlin de toute la journée suivante, jouant son destin, tout comme le fit en son temps Ivan le terrible. Svetlana évoquera ce moment crucial: « Il n'avait pas deviné, n'avait pas prévu que le pacte de 1939, qu'il considérait comme sa plus grande ruse, serait rompu par un adversaire encore plus perfide. C'était la raison de sa dépression nerveuse au début de la guerre, car ce fut là son immense erreur politique. "Ah! avec les Allemands, nous aurions été invincibles!", répétait-il encore, quand la guerre était terminée depuis longtemps Il ne reconnaissait jamais ses erreurs».

En l'absence du tsar, le Kremlin est bloqué. Nul n'ose prendre des initiatives sans son aval. Pourquoi s'est-il éloigné et pourquoi garde-t-il le silence, alors que pays est au bord du gouffre? D'après les remarques qu'il fera au dîner de la victoire le 24 mai 1945, il semble avoir été saisi par la crainte d'être renversé: « Un peuple différent aurait dit au gouvernement: Vous n'avez pas réussi à justifier nos attentes. Allez-vous-en. Nous allons installer un autre gouvernement qui conclura la paix avec l'Allemagne».

Molotov, numéro 2 du gouvernement, refuse de donner des ordres. Beria propose alors l'instauration d'un Comité de défense de l'État (GKO), un cabinet de guerre qui sera doté des pleins pouvoirs. Les membres du politburo se rendent à la datcha de Staline. Introduits dans la petite salle à manger où est assis le dictateur, sombre et amaigri, ils le voient se lever lentement. Selon la formule de Molotov, il semble « hagard, tel Ivan le Terrible ». Il demande d'un ton méfiant : « Pourquoi êtes-vous venus ? » À ce moment, il pense sans doute à sa destitution. « Staline s'attendait à tout, y compris au pire », précisera plus tard Molotov qui, d'emblée, détend l'atmosphère en évoquant le projet du GKO.

« Oui, mais attendez, objecte Staline qui retrouve sur l'instant ses dons de manœuvrier politique, suis-je capable de mener le pays vers la victoire finale ? D'autres sont peut-être mieux à même de le faire… Molotov souligne l'urgence de créer le GKO.

– Qui le présidera ? », demande le dictateur. Beria répond vivement :

– Camarade Staline, cela va sans dire ! Vous présiderez le comité. »

Dans la nuit du 30 juin, le gouvernement annonce la création de la nouvelle structure qui coiffera tous les organismes de l'État et organisera la lutte contre l'envahisseur. Il est composé comme suit : président, Staline ; vice-président, Molotov ; autres membres, Beria, Vorochilov et Malenkov, homme de confiance de Staline durant les purges d'Arménie et de Biélorussie – les historiens lui attribuent cent cinquante mille morts –, l'autorité suprême du GKO en matière d'orientation et de décisions revenant au Vojd. Durant la guerre, où qu'il se trouve, Staline abat des journées de travail de seize heures. Le plus souvent, il passe la matinée dans sa datcha de Kountsevo, puis un convoi de Packard le conduit à Moscou tôt dans la soirée. Parfois, il descend simplement de son appartement du Kremlin jusqu'à son bureau. Son secrétaire, revêtu de l'uniforme de général des services secrets, fait la loi dans l'annexe de son bureau où règne un ordre impeccable. Rien de superflu dans cette pièce dépouillée. Pour y entrer, les visiteurs montrent leurs papiers d'identité et sont fouillés à plusieurs reprises. Les maréchaux eux-mêmes doivent se défaire de leur arme.

Dans l'antichambre, en attendant que le tsar rouge arrive à son bureau, les nouveaux venus saluent ceux qui attendent en silence. Ceux qui se connaissent échangent quelques mots, puis un calme tendu retombe. Un murmure parcourt la salle à l'arrivée de Staline. Sa démarche est devenue pesante, sa peau semble encore plus mate et marquée, ses cheveux plus gris, ses dents noircies, ses yeux plus jaunes et plus bridés. Sa table de travail au fond de la pièce croule sous des piles de dossiers. S'y alignent aussi un radiotéléphone, plusieurs postes classiques avec de multiples touches, ainsi que des crayons impeccablement taillés. Il se lève de temps à autre pour faire les cent pas, bourrant sa pipe avec son tabac géorgien favori, le *Herzegovina Flor.* Les civils sont assis en rang contre le mur, faisant face aux portraits des grands chefs de guerre de l'époque tsariste;

de l'autre côté, les généraux ont vu sur les tableaux représentant Marx et Lénine. Il s'arrête devant la personne à qui il s'adresse et la fixe droit dans les yeux. « Son regard tenace et perçant, semblait voir à travers l'âme du visiteur », a écrit le maréchal Joukov.

Sorge analyse l'attaque d'Hitler

Sur cette toile de fond, Sorge continue inlassablement sa mission à Tokyo, s'appuyant sur des sources uniques venues directement du premier ministre japonais et des contacts quotidiens avec l'ambassadeur allemand. À la différence de ses patrons à Moscou, il a su analyser en finesse des informations contradictoires.

Le lendemain de l'invasion allemande de la Russie, le 23 juin, dans un message radio adressé à Moscou, Sorge a rapporté que le général Ott avait chargé tous les responsables allemands d'exercer des pressions en faveur de l'intervention japonaise contre l'URSS. Des sources militaires au Japon confirmèrent qu'il pourrait entrer en guerre contre la Russie dans un délai d'un à deux mois, et le ministre japonais des Affaires étrangères, Matsuoka, déclara à Ott que, malgré le pacte de neutralité nippo-soviétique, le Japon pourrait attaquer l'Union soviétique.

Cependant, l'attaché naval allemand, l'amiral Wennecker, a déclaré à Sorge que cela ne se produirait jamais, car « les intérêts de la flotte japonaise étaient dans le sud et nulle part ailleurs ». Et Sorge était d'accord avec cette analyse.

Le 27 juin, il reçut le message suivant en provenance de Moscou :

« Faites-nous savoir quelles décisions ont été prises par le gouvernement japonais concernant notre pays et la guerre germano-soviétique. Informez-nous également sur le mouvement des troupes en direction de notre frontière ».

Les analyses très précises et informations secrètes rassemblées au cours des semaines suivantes à ce propos furent une des plus remarquables réalisations dans l'histoire de l'espionnage mondial.

Les cercles politiques japonais étaient en effet divisés à propos de la guerre russo-allemande. La première réaction des chefs de l'armée japonaise a été optimiste.

Ozaki a précisé : « Pour commencer, nous voulions savoir quelle était l'opinion de l'armée japonaise sur les perspectives de cette guerre. J'ai essayé de collecter des données lors de diverses réunions auxquelles j'ai participé. Mes recherches ont indiqué que le gouvernement et l'armée japonaise s'attendaient à une défaite rapide de la Russie, suivie de l'effondrement du régime stalinien. »

On en a aussi beaucoup parlé dans le groupe du petit-déjeuner, où la plupart des proches collaborateurs du premier ministre prince Konoe pensaient que la Russie serait bientôt vaincue. Cependant, les jeunes experts étaient beaucoup plus lucides. Ozaki lui-même, fondant son analyse sur sa connaissance des opinions du prince Konoe, était convaincu que le Japon n'irait pas vers le nord, c'est-à-dire contre la Russie.

« Après le début de la guerre russo-allemande, j'ai dit à Sorge que le Japon n'avait aucune intention d'attaquer la Russie. Konoe m'a déclaré que les mains du Japon sont liées par l'incident chinois. Et comme il ne sait pas comment les négociations sur l'Amérique se termineront, il ne veut pas d'une guerre avec la Russie ».

Le 2 juillet 1941, l'Assemblée impériale réunie autour de l'empereur du Japon a pris des décisions importantes concernant la politique du pays.

Un nouveau plan d'action a été adopté sous l'instigation de l'armée et de la marine. Ce document était destiné à assurer la coordination des actions à la fois sur le front nord, à la frontière sibérienne, et sur le front sud – en Chine et dans l'océan Pacifique : si les négociations avec les Américains échouent, le Japon ira en guerre vers le sud.

« 1. Le Japon devrait chercher une solution satisfaisante au problème chinois, mais en même temps être prêt à toute évolution critique des événements dans le nord et le sud, pour mener une mobilisation générale de nature à permettre d'envoyer des troupes dans les deux directions.

« 2. Le Japon devrait rester neutre à la fois vis-à-vis de l'Allemagne et vis-à-vis de la Russie.

« 3. La politique de neutralité vis-à-vis de l'Allemagne et de la Russie a été définitivement décidée ».

Environ une semaine après la réunion, l'ambassadeur Ott a reçu un résumé secret des décisions du ministre des affaires étrangères Matsuoka. Selon ce dernier, le Japon a intensifié les préparatifs militaires dans le nord et sera prêt à « commencer à éradiquer le bolchevisme dans les zones adjacentes à son territoire. Dans le même temps, ils poursuivront leur expansion active vers le sud ».

L'ambassadeur allemand déduisit de cette déclaration que les véritables intentions du Japon étaient la mobilisation dans le nord et une attaque contre la Sibérie, tout en maintenant une position dominante dans le sud. Comparant cette opinion avec le rapport d'Ozaki sur l'Assemblée impériale, Sorge pencha pour la version de ce dernier : autrement dit, le Japon allait prendre des mesures pour défendre ses positions dans le nord, « sans réellement entreprendre une attaque contre l'Union soviétique ».

Selon Sorge, une décision avait été prise pour lancer des opérations actives dans le sud, notamment en Indochine. Sorge a donc transmis ses conclusions par radio à Moscou, ajoutant que le rapport d'Ozaki sur l'Assemblée impériale du 2 juillet lui semblait plus fiable.

Cependant, l'interprétation finale des intentions japonaises exigeait une analyse extrêmement fine et précise. Par conséquent, toutes les ressources du groupe étaient désormais concentrées sur l'analyse de ce plan.

Cette information essentielle donnera à Staline l'opportunité de déplacer les divisions de l'armée soviétique d'Extrême-Orient sur le front occidental. Grâce aux renseignements reçus de Sorge, ces renforts ont sauvé Moscou car la résistance russe se serait vite trouvée à bout de forces sans les divisions de Sibérie libérées grâce à ces informations.

Plus encore que Stalingrad, la bataille de Moscou détermina l'issue de la deuxième guerre mondiale.

Le haut commandement russe a donné le premier ordre de transférer des formations militaires d'Extrême-Orient le 26 mai 1941, lorsque la seizième armée a été transférée à l'ouest. Onze divisions de fusiliers ont également été déplacées vers l'ouest entre octobre et novembre. L'opération a touché plus de deux cent cinquante mille personnes.

Le 26 juin, Moscou a demandé au groupe de Sorge de rendre compte « de la mobilisation et du transfert des troupes japonaises sur le continent en relation avec la guerre russo-allemande ». Le gouvernement allemand à Berlin a également fait pression sur l'ambassadeur Ott, exigeant de déployer tous les efforts pour entraîner le Japon dans une guerre contre l'URSS.

Des attachés militaires allemands ont même élaboré un plan d'attaque japonaise contre la Sibérie et Vladivostok, soulignant la défaite inévitable de l'Armée rouge sur le front européen. Cependant, Tokyo a répondu « qu'il faudrait à l'armée japonaise deux mois pour se mobiliser et que le Japon ne bougerait pas et n'entrerait pas en guerre tant que l'Allemagne ne prendrait pas Moscou et n'atteindrait pas la Volga ».

Ce télégramme le plus important a été rédigé après de longues discussions entre Sorge, Ozaki et Clausen, le 4 octobre 1941.

Arrivés à la conclusion finale qu'une guerre russo-japonaise était exclue et que le Japon commencerait des opérations militaires contre les États-Unis dans les semaines à venir, Sorge estima que sa mission au Japon, telle que définie par le Kremlin, avait été accomplie. Épuisé, déprimé, Sorge demande à Moscou l'autorisation de quitter son poste et de rentrer au pays.

Sa mission était censée durer deux ans, cela en fait presque six qu'il mène une éprouvante vie clandestine. Mais en attendant, ses chefs ont trop besoin de lui pour se passer de ses services, et la situation ne cesse de se dégrader.

Sorge était parfaitement lucide en analysant les intentions japonaises mais aussi l'état d'esprit d'Hitler au cours de cette période. Il connaissait ses *Libres propos sur la guerre et la paix*, recueillis sur l'ordre de Martin Bormann, monologues fleuves qu'il infligeait à ses hôtes et à son entourage après les repas dans son quartier général de la *Wolfsschanze* – la Tanière du Loup –, en Prusse orientale, ou au quartier général temporaire du *Werwolf* – le Loup-garou – en Ukraine.

Le dernier semestre de 1941 est la période durant laquelle Hitler est plus que jamais convaincu de son génie. À l'apogée de sa carrière, il se voit l'égal de Napoléon, Bismarck et Frédéric le Grand – personnages auxquels il se réfère en termes familiers – poursuivant la tâche cyclopéenne de la construction d'un empire. Les caractéristiques de ce grand oeuvre enflamment son imagination. Le 27 juillet 1941 après dîner, le Führer pose ses limites sur une ligne située entre cent cinquante et trois cents kilomètres à l'est de l'Oural. Le Reich devra conserver cette frontière à perpétuité et ne jamais permettre à une autre puissance militaire de s'établir à l'ouest de celle-ci. Et Adolf Hitler de laisser libre cours à ses vaticinations :

« Cet espace en Russie doit toujours être dominé par les Allemands. La pire erreur que nous pourrions faire là-bas serait de chercher à y éduquer les masses. Nous prendrons la partie sud de l'Ukraine, en particulier la Crimée, et nous en ferons une colonie exclusivement allemande. Cela ne fera pas de mal de pousser dehors la population qui s'y trouve actuellement. Le colon allemand sera le soldat paysan, et pour cela, je prendrai des soldats professionnels. Pour ceux d'entre eux qui sont fils de paysans, le Reich fournira une ferme complètement équipée. Le sol ne nous coûte rien, nous avons seulement à construire la ferme... Ces soldats paysans recevront des armes pour qu'au moindre danger, ils puissent être à leur poste quand nous les convoquerons. »

On retrouve ici le mythe de l'Allemagne héritière de l'empire romain. Hitler, nouveau César, revient donc au soir du 17 octobre sur le *modus operandi* de la colonisation : « Le désert russe, nous le peuplerons. Nous lui enlèverons son caractère de steppe asiatique, nous l'européaniserons. Dans ce dessein, nous avons entrepris la construction de routes qui conduiront dans l'extrême sud de la Crimée et vers le Caucase. Ces routes seront parsemées sur toute leur longueur de villes allemandes, et autour de celles-ci, nos colons s'installeront. » Pour ce qui est des deux ou trois millions d'hommes dont il a besoin pour cette colonisation, le Führer les fera venir d'Allemagne, de Scandinavie, globalement des pays occidentaux, et même d'Amérique. Avec fierté, et un brin de nostalgie, il observe qu'il ne sera plus là pour voir tout cela, mais dans les vingt ans, l'Ukraine sera devenue un foyer pour vingt millions de nouveaux habitants, en plus des indigènes. Et puis vient ce cri de haine :

« Nous ne nous installerons pas dans les villes russes et nous les laisserons tomber en morceaux sans intervenir. Et par-dessus tout, pas de remords sur ce sujet ! Nous sommes absolument sans obligations pour ce qui concerne ces gens. Nous débattre au milieu des masures, chasser les puces, fournir des professeurs allemands, faire sortir des journaux... très peu pour nous ! Nous nous contenterons, peut-être, d'installer un émetteur radio, sous notre contrôle. Pour le reste, laissons les apprendre juste assez pour comprendre notre signalisation routière, pour qu'ils ne se jettent pas sous les roues de nos véhicules.

« Pour eux, le mot "liberté" signifie le droit de se laver les jours de fête... Il n'y a qu'un seul devoir : germaniser ce pays par l'immigration d'Allemands et considérer les indigènes comme des Peaux-Rouges... Dans cette affaire, je poursuivrai tout droit mon chemin, sans me départir de mon sang-froid. »

Et comme il faut aussi une justification économique, le Führer prédit que le grand Reich fournira bientôt du blé à toute l'Europe, ainsi que du charbon, de l'acier et du bois. Pour exploiter correctement l'Ukraine – ce nouvel empire indien – l'Allemagne n'aura besoin que de la paix avec l'Ouest...

La bataille de Moscou

Le rôle de Sorge sera inestimable à l'automne 1941, quand les armées d'Adolf Hitler approchent dangereusement de Moscou. Le 5 octobre au matin, un avion de reconnaissance soviétique repère une colonne de Panzers à cent kilomètres de la capitale.

Staline appelle son meilleur général, Joukov, alors à Leningrad.

Le chef d'État-major revient d'urgence et le trouve dans son bureau, incroyablement vieilli, faisant les cent pas, pipe à la main, vêtu de sa tunique usagée et de ses pantalons bouffants rentrés dans ses bottes.

« Il était devenu un petit homme fatigué, à la mine hagarde. Son regard avait perdu sa fermeté légendaire et sa voix manquait d'assurance. » L'envahisseur se rapprochant, les diplomates étrangers plient bagage. Puis c'est au tour des fonctionnaires moscovites et de leurs familles d'être évacués sur les bords de la Volga.

Dans les gares, les forces de l'ordre forment un cordon pour retenir les Moscovites pris de panique. La Luftwaffe, en avant-garde des Panzers, cherche en priorité à détruire le Kremlin qui demeure invisible grâce à un immense camouflage modifiant totalement l'architecture du quartier.

Faut-il abandonner Moscou ? Où aller ? Jusqu'à l'Oural ?

Les températures ont chuté, l'hiver promet d'être rigoureux, mais c'est un avantage pour les Allemands car le sol durci par le gel permet à leurs chars d'avancer plus vite.

La situation devint dramatique début octobre. Les autorités de Moscou ordonnent l'évacuation massive de la population. Des soulèvements s'amorcent dans plusieurs grandes entreprises où l'on croit que les chefs du Kremlin ont fui Moscou en abandonnant ses habitants à leur sort. Les services secrets ont élaboré un plan d'exfiltration du chef du Kremlin : sur une piste, quatre avions se tiennent en permanence à sa disposition, moteurs en marche.

Dans cette atmosphère d'apocalypse, Beria veut évacuer les principaux dirigeants du pays. « Les nazis nous tireront comme des lapins », dit-il.

Chargé de coordonner les actions en prévision de l'occupation allemande, Beria a déjà fait miner par ses services plusieurs stations de métro, les ponts de la Moskova ainsi que diverses datchas. Il a même engagé le jongleur le plus talentueux du cirque censé se produire devant Hitler après la prise de Moscou afin de perpétrer un attentat contre lui.

En attendant, Staline ne dort pas, méditant l'ouvrage de l'historien et académicien soviétique Evgueni Tarlé sur la campagne de Russie de Napoléon en 1812, ainsi que l'exemple d'Ivan le Terrible.

Il ne se résout pas à s'éloigner de la capitale. Dînant avec Valechka sa gouvernante, une paysanne enjouée qui, à l'occasion, est aussi sa maîtresse, il lui pose la question :

« Veux-tu partir ? »

Et cette femme solide et simple de répondre :

« Jamais je ne quitterai Moscou ! Je la défendrai jusqu'à ma dernière goutte de sang !

– Voilà comment agissent les vrais patriotes ! », s'exclame Staline.

Staline décide alors de mettre en scène sa résistance. Il se rend en voiture blindée jusqu'à la station ferroviaire où se presse une population cherchant à fuir. Sous une bourrasque de neige, il arpente les quais et longe les rails où stationnent les trains en partance.

Simplement vêtu de son grand manteau rapiécé de soldat, il s'exclame :

« Staline ne partira pas. On reste ici jusqu'à la victoire ! ».

Puis, il retourne à sa limousine et, derrière son chauffeur, seul dans son immense Packard noire, il traverse la ville pour que les Moscovites le voient. Ses gardes du corps ont recommandé de fermer les vitres mais il refuse et salue la foule de la main.

Le lendemain, le 19 octobre, les principaux dirigeants du Kremlin sont dans son bureau. Le soir même, la NKVD commence l'exécution des déserteurs ou prétendus tels.

« La Russie est finie ! », se vante Adolf Hitler, qui va un peu vite en besogne, car après avoir avantagé la progression des Panzers, le froid fait maintenant souffrir ses troupes. La température est tombée à moins 30°. Le "général Hiver", qui avait mis fin à l'invasion suédoise en 1709 et défait la Grande armée napoléonienne en 1812, est à nouveau entré en scène. Dès lors, le climat travaillera pour les Russes.

Sur le plan diplomatique, Staline apprend une nouvelle majeure grâce à son maître espion basé au Japon, Richard Sorge, qui lui fait savoir que Tokyo, malgré son alliance avec le Reich, n'a nullement l'intention d'attaquer la Russie. Renseignement fatidique qui permet au dictateur de retourner contre les nazis son armée d'Extrême-Orient prévue pour contrer une éventuelle attaque japonaise.

Avec Joukov, il ordonne de dégarnir rapidement le front sibérien et jette à l'ouest toutes ses forces contre l'armée allemande, en prenant la précaution de faire déguiser les paysans locaux en militaires pour dissimuler au mieux ce retrait massif.

La situation est critique. Les Panzers sont à moins de soixante-dix kilomètres de la capitale, et les bruits courent que des parachutistes ennemis seraient déjà à Moscou même.

Staline, cependant, tient bon la barre. Le 30 octobre, il interroge le commandant de la place de Moscou :

« Et le défilé militaire, comment allons-nous l'organiser ?

– Impossible ! », répond son interlocuteur.

Staline poursuit calmement :

« Je tiens à ce que ce défilé ait lieu le 7 novembre, jour de notre fête nationale. Il faudra filmer l'événement et le projeter dans tout le pays. Je ferai un discours. »

Le 6 novembre, les hommes du NKVD prennent les chaises du théâtre Bolchoï et les transportent sur la ligne n°2 du métro de Moscou, à la station Mayakovskaya.

Le soir même, les dignitaires du Kremlin y assistent à un concert où l'orchestre joue Moussorgski. Puis le chef Kremlin parle durant une demi-heure, sur un ton très dur : « S'ils veulent la guerre totale, ils l'auront ! » Staline se présente davantage comme le successeur des grands tsars que comme l'héritier de Lénine.

Le lendemain, le 7 novembre 1941, la parade commence à huit heures du matin sur la Place rouge.

Le décor, digne de l'évènement, évoque irrépressiblement l'opéra de Moussorgski *Boris Godounov*, lorsque, dans son livret, Pouchkine mêle à la légende russe la tragédie. Alors qu'une tempête de neige envahit tout le ciel et souffle sur les coupoles dorées des églises, rendant toute attaque aérienne ennemie impossible, Staline grimpe les marches qui mènent au mausolée de Lénine, en affirmant : « Dieu est avec nous ! » Les volontaires, défenseurs de Moscou, arrivent sur la Place rouge.

Des hommes déjà épuisés que l'ambassadeur britannique considère en songeant *in petto* que la Russie ne pourra pas résister. Quelques minutes plus tard, alors que la bourrasque persiste, soudain entrent sur la Place rouge les forces fraîches venues d'Orient. Une sorte de rouleau compresseur qui deviendra le symbole de l'Armée rouge. Staline a choisi une troupe de véritables géants revêtus de manteaux blancs en mouton retourné. En voyant ces guerriers marcher d'un pas ferme sur l'emblématique place de la Russie éternelle, le diplomate anglais change d'avis. Le soir même, il envoie un télégramme à Winston Churchill prédisant que la Russie va non seulement résister mais qu'elle gagnera la guerre.

Le tsar rouge prononce un puissant discours dans lequel il évoque la mémoire des grands chefs militaires du pays et, en premier lieu, le saint orthodoxe Alexandre Nevski, qui écrasa les chevaliers teutoniques en 1242. En rappelant les fondamentaux de la sainte Russie, il soulève une vague de patriotisme qui déferle sur tout le pays, jusqu'au goulag où nombre de détenus veulent aller au front. Près d'un million d'entre eux y seront envoyés durant les trois ans de guerre.

Le 13 novembre, le chef du Kremlin ordonne à Joukov, devenu son général préféré, de préparer une contre-attaque. Le chef d'État-major, conscient que la force du verbe ne fait pas tout, estime ne pas disposer de réserves suffisantes pour se lancer dans une telle aventure. Mais Staline insiste. Trop hâtive, insuffisamment confortée, la manœuvre exigée par le dictateur ne réussit pas à freiner l'offensive allemande et le 15 novembre, un dernier coup de boutoir nazi brise les lignes de défense soviétiques. Staline demande à Joukov s'il peut encore défendre Moscou.

« Nous tiendrons certainement mais il nous faut au moins deux armées supplémentaires, plus deux cents chars. »

Staline lui donne ses dernières réserves – trois armées –, mais l'avertit: « Nous n'avons plus un seul char ». Jouant ce va-tout, Joukov déclenche la contre-offensive et repousse en vingt jours la Wehrmacht à trois cents kilomètres au large de Moscou, au prix de la perte de cent cinquante-cinq mille hommes. Des chiffres qui donnent le vertige.

Désormais, pour le monde entier, la *Blitzkrieg* ordonnée par Adolf Hitler a définitivement échoué. Quand Staline téléphone à Joukov pour le féliciter, l'aide de camp répond: « Camarade Staline, il dort et on n'arrive pas à le réveiller ! – Bon, laissez-le dormir tout son saoul, béni de Dieu… », réplique magnanime le dictateur.

Sur les axes clés des avancées des armées de Joukov gisent des Allemands gelés. L'écrivain Vassili Grossmann, alors âgé de trente-six ans, correspondant de guerre à *L'Étoile rouge*, le journal de l'Armée, raconte: « Les corps gelés debout, les poings levés, les doigts écartés, certains ont l'air de courir en rentrant la tête dans les épaules. Ils portent des chaussures et de petites capotes toutes minces, en papier, des tricots qui ne gardent pas la chaleur. La nuit, avec la lune qui brille, les champs enneigés paraissent bleu foncé, et dans la neige bleue se dressent, installés çà et là par les petits malins, les corps sombres des soldats allemands gelés. »

Avec la bataille de Moscou et la retraite de la Wehrmacht, Staline remporte sa première victoire. Il va lancer une vague de contre-offensives sur l'ensemble du front. En l'espace de quelques mois, le Reich perd cinq cent mille hommes. Staline craint que les Allemands n'attaquent à nouveau Moscou. Or telle n'est plus la priorité du Führer qui convoite désormais le blé ukrainien et le pétrole du Caucase. Commettant de lourdes erreurs stratégiques, il sépare ses forces en deux : une partie doit traverser le Don jusqu'à Stalingrad, tandis que l'autre se dirigera au sud vers les champs de pétrole caucasiens.

Mais notre grand maître-espion du XXème siècle, qui fut certainement un des sauveurs de Moscou, apprendra l'issu de cette bataille fatidique quand il sera de déjà en prison.

La fin de la partie

Le 18 octobre 1941, les 24 agents de Sorge ont été arrêtés. Sept autres seront arrêtés en janvier. Parmi les nombreuses versions concernant les causes de la chute de Sorge figurent les hypothèses suivantes : l'interception et le décodage réussis de messages codés de l'agent, la trahison de l'un de ses subordonnés et la surveillance policière des communistes locaux qui, étant recrutés par les services de renseignement soviétiques et en contact avec Sorge, ont finalement amené jusqu'à lui les forces de l'ordre japonaises. En réalité déjà en novembre 1939, la haute police spéciale japonaise – « Tokko » – mena une enquête sur le comité préparatoire du Parti communiste japonais clandestin.

Dans le cadre de cette enquête, elle arrêta une informatrice qui fut la maîtresse d'un des membres éminents du groupe de Sorge, Miyagi. Cette liaison s'était nouée à Los Angeles quatorze ans auparavant. Ce contact devint le premier maillon faible de la chaîne fatale qui a conduit à la chute de tout le groupe Sorge.

La police arrêta Miyagi le 11 octobre. Elle espérait probablement découvrir des liens entre des groupes subversifs au Japon et la section japonaise du Parti communiste américain. Cependant, lors d'une perquisition menée au domicile de Miyagi, la police a été surprise de trouver des documents secrets de l'Assemblée impériale traduits en anglais.

Au cours d'interrogatoires sévères, Miyagi a refusé d'admettre qu'il était un espion. Mais il avait une très mauvaise santé, souffrait de tuberculose et était très nerveux. Presque immédiatement après l'arrestation, Miyagi s'est jeté depuis la fenêtre d'un poste de police à Tokyo, essayant de se suicider. Il est tombé sur les branches supérieures des arbres et s'est seulement cassé la jambe. Il a été ramené en prison.

Les interrogatoires se sont poursuivis. Le lendemain matin, le 12 octobre, il a fait une « déclaration volontaire ». L'enquêteur écrivit plus tard qu'il s'était suffisamment calmé pour « donner un compte rendu complet des détails de son crime, et j'ai pu vérifier que tout ce qu'il avait dit était vrai ».

Miyagi a donc admis qu'il était membre d'un groupe d'espionnage opérant à Tokyo, composé de Sorge, Vukelich, Clausen, Ozaki et Kawai. À la suite de la surveillance policière du domicile de Miyagi après son arrestation, le traducteur Akiyama et le sous-agent Kutsumi Fusako furent arrêtés le 13 octobre.

L'enquêteur chargé de l'affaire Miyagi a immédiatement rapporté ses conclusions à la section étrangère de la police spéciale et il a reçu un dossier confidentiel préparé à l'avance sur Sorge et d'autres étrangers du groupe.

La section des affaires étrangères a noté que Sorge était un conseiller influent de l'ambassadeur allemand Ott et qu'il serait incroyable qu'il se révèle être un espion soviétique.

La police n'a pas cru en la possibilité d'engager une action contre lui et s'est opposée à l'arrestation de Sorge en raison de sa proximité avec Ott, craignant que cela puisse nuire aux relations germano-japonaises. Il a donc été décidé de traiter avec Ozaki seul et d'autres Japonais dont Miyagi avait donné les noms, « laissant le cours futur des événements déterminer si les étrangers doivent ou non être arrêtés ».

Comme Ozaki l'a écrit en prison, « le matin du 15 octobre 1941, des hordes de procureurs sont tombées sur nous. J'avais des pressentiments depuis plusieurs jours, et ce matin-là, je savais déjà que l'heure du règlement des comptes était proche. Après m'être assuré que Yoko était allée à l'école, puisque je ne voulais absolument pas que ma fille soit présente, j'ai quitté la maison sans même regarder ma femme et sans lui dire au revoir. J'ai senti que tout finirait par mon arrestation.

Quand j'ai été interrogé cet après-midi-là, les questions concernaient, comme je m'y attendais, ma relation avec Sorge. J'ai réalisé que tout le réseau était découvert et je me suis dit que c'était fini ».

Le jour de son arrestation, Ozaki a fait une déclaration similaire à celle de Miyagi. Il est devenu clair, et avec suffisamment de détails, qu'il s'agissait d'un groupe d'espionnage soviétique. Le soir du 15 octobre, le dossier contre Sorge était ouvert.

Les procureurs ont ensuite interrogé Ozaki et Miyagi « en mettant un accent particulier sur tout ce qui concernait la chaîne des liens dans l'organisation Sorge » et ont ensuite présenté à leur bureau les motifs de l'arrestation de Sorge, Clausen et Vukelich.

Dans un premier temps, le ministre de l'Intérieur s'y est opposé pour des raisons diplomatiques, mais le lendemain, le 16 octobre, le prince Konoe a démissionné de son poste de Premier ministre. L'une des premières nominations faites par le nouveau cabinet du général Tojo fut le ministre de la Justice Iwamura Micho, qui occupait le même poste dans le gouvernement précédent.

Le Bureau du Procureur lui a fourni un résumé des déclarations d'Ozaki et Miyagi, ainsi qu'une demande de mandat d'arrêt contre Sorge. Des parties importantes du mémo étaient soulignées en rouge car tout le monde savait qu'Iwamura ne lisait généralement que ce qui était souligné en rouge. Le ministre était de bonne humeur à l'occasion de sa nomination et a donc accepté l'arrestation, sans trop réfléchir à l'importance de cette affaire.

Le mardi soir 14 octobre, Sorge avait convenu avec Ozaki de se rencontrer au restaurant Asia. Il l'a attendu en vain. Miyagi devait venir à Sorge deux jours plus tard mais il avait également disparu. Le vendredi 17 octobre, Klausen et Vukelich se sont rendus chez Sorge. La réunion s'est déroulée dans une atmosphère d'inquiétude croissante. Vukelich a appelé Ozaki mais n'a reçu aucune réponse.

Voici comment Clausen décrit cette dernière réunion :

« Le 17 octobre, vers 19 heures, je suis venu chez Sorge pour parler de notre travail secret. Quand je suis arrivé, lui et Vukelich buvaient, et je les ai rejoints, ouvrant une bouteille de saké que j'avais apportée avec moi. L'atmosphère était lourde et Sorge a dit – comme si notre sort était scellé d'avance : "Ni Joe ni Ozaki ne se sont présentés à la réunion. La police a dû les arrêter".

« Une peur irrépressible me saisit, et au bout de dix minutes, je suis parti. Nous n'avons pas dit ce que nous ferions si nous étions arrêtés. »

Le samedi 18 octobre 1941, vers 5 heures du matin, le détective Ohashi de la haute police spéciale est arrivé au poste de police de Toriizaka à Tokyo, à deux cents mètres du domicile de Sorge.

À cette heure matinale, la voiture de l'ambassade d'Allemagne était garée devant la maison de Sorge. La présence du fonctionnaire allemand a semé la confusion parmi la police et un groupe de procureurs dirigé par Yokikawa Mitsusada a décidé d'attendre. Dès que la voiture où se trouvait l'épouse de l'ambassadeur Ott est partie, toute l'équipe est entrée par effraction dans la maison.

Sorge, en pyjama et pantoufles, a été poussé dans la voiture de police. Il a violemment protesté que son arrestation était illégale.

En quittant la maison de Sorge la nuit précédente, Clausen était tombé sur des détectives du poste de police près de chez lui, avec lesquels, en tant qu'étranger, il avait entretenu des relations normales pendant de nombreux mois. Il devint clair pour Clausen qu'il était suivi, et d'une manière plus intrusive que d'habitude.

Le lendemain matin, un policier est entré dans la maison de Clausen et est allé directement dans sa chambre. Il a annoncé à Clausen : « Nous aimerions que vous veniez avec nous au poste de police pour répondre à quelques questions sur l'accident de voiture dans lequel vous vous êtes trouvé récemment mêlé. »

Une voiture avec deux hommes en civil attendait dans la rue.

L'arrestation de Vukelich eut également lieu tôt le matin du 18 octobre.

La police japonaise, avec une méticulosité bureaucratique, fit un recensement de tout ce qui se trouvait dans la maison de Sorge.

Ces éléments mineurs – preuves tangibles d'espionnage – auraient dû former une base initiale de preuves pour l'accusation.

La liste comprenait trois appareils photos, trois objectifs photographiques, dont l'un télescopique, des accessoires photographiques, un portefeuille en cuir noir avec 1782 $, seize cahiers comportant les détails des contacts avec les agents et des calculs financiers, la carte d'un membre du parti nazi nommé Zorge et une liste des membres du parti vivant au Japon, l'Annuaire statistique allemand en deux volumes (source des tableaux chiffrés), un rapport de sept pages, un schéma rédigé en anglais et enfin, le plus fatal deux pages d'un croquis dactylographié, également en anglais, constituant le message final prêt à être expédié à Moscou le 15 octobre. Une copie du même message a été trouvée dans la maison de Clausen, à moitié cryptée, préparant le terrain des interrogatoires.

En plus de ce matériel qui révélait une activité illégale, la police a également remarqué une vaste bibliothèque scientifique, tout à fait appropriée pour le travail de tout spécialiste de l'histoire et de la littérature japonaises ou d'un écrivain, qui se composait de plus d'un millier de volumes. Sur la table à côté du lit se trouvait un volume ouvert d'un poète japonais du XVIe siècle. La police a également trouvé un manuscrit de trois cents pages dactylographiées – la première ébauche d'un livre sur le Japon moderne que Sorge tenait à terminer.

En ces jours d'octobre, toute l'anxiété et les tensions du travail illégal ont commencé à faire des ravages parmi les membres du groupe de Sorge.

En plus de recevoir et de transmettre des messages radio, Clausen était également responsable de leur cryptage et décryptage, tenait des rapports financiers et faisait parfois office de courrier. Il restait également en contact avec Zaitsev à l'ambassade soviétique. Son entreprise était prospère et Max avait été choqué lorsque, à la fin 1940, Moscou avait envoyé un message intimant: « Utilisez une partie des bénéfices de Clausen & Co. comme source d'argent pour votre groupe ».

En plus de ces problèmes, Clausen supportait une tension nerveuse constante en raison de la haine que sa femme avait pour son travail de renseignement au service de l'Union soviétique. Sa loyauté personnelle semblait s'épuiser. Clausen est devenu de plus en plus lent et laxiste. Il n'a même pas pris la peine de faire le rapport financier du groupe pour 1941. Il a transmis tardivement des messages radio au Centre de Moscou et les textes des messages ont progressivement commencé à s'accumuler sur son bureau. Dix de ces textes, rédigés en anglais, ont été retrouvés par la police au moment de son arrestation…

Sorge ne put s'empêcher de sentir l'atmosphère s'alourdir autour de lui. Cependant, la nature même de sa position de chef de groupe limitait ses contacts personnels avec ses collègues. Sorge avait peu de points communs avec Clausen, marqué par son complexe d'infériorité. Mais Ozaki était égal à Sorge sur le plan intellectuel et le talentueux et délicat artiste Miyagi s'entendait bien avec son patron.

C'est avec Miyagi que Sorge se réunissait plus souvent qu'avec d'autres, discutant et analysant – après traduction en anglais – les rapports matériels et oraux d'Ozaki, ainsi que les renseignements recueillis par Miyagi lui-même. Et c'est d'Ozaki, son collaborateur le plus proche, que Sorge a reçu, en dehors de sa propre source à l'ambassade d'Allemagne, les renseignements les plus étonnants envoyés à Moscou par son groupe.

Plus tard, Vukelich décrivit de manière vivante l'atmosphère que Sorge avait créée en tant que leader de son groupe.

« Notre groupe n'était pas de nature militaire. L'atmosphère dans son ensemble ressemblait surtout à l'atmosphère du club marxiste dont j'étais membre en Yougoslavie. Et cela est largement dû au caractère personnel de Sorge. C'était une ambiance de camaraderie, excluant complètement la discipline militaire, avec les bons et les mauvais côtés de l'organisation militaire ».

Parmi les nombreuses déclarations faites par Sorge à la police japonaise après son arrestation, il n'y a aucune trace de sa déception concernant la Russie, malgré la terreur de Staline qui battait son plein. Il a conservé jusqu'au bout une foi inébranlable dans l'avenir du communisme international, comme il en a témoigné aux enquêteurs japonais.

Le seul indice de sa propre faiblesse et de sa dépression provient d'extraits du dossier personnel de Sorge publié dans la presse soviétique post-stalinienne. « Il ne savait pas que le général Berzin, qui l'avait recruté en 1929 comme officier du renseignement soviétique, et son supérieur immédiat dans la 4ème Direction, « Alex » Borovich, avaient été exécutés pendant les purges

Lorsque, par la suite, la cour préliminaire japonaise a demandé à Sorge s'il avait prié Moscou de revenir parce que « il sentait que le danger augmentait », Sorge a répondu : « Non. Plutôt parce que j'avais terminé ma mission au Japon et que je voulais continuer mon travail à Moscou ou en Europe. Quand je dis que ma tâche était accomplie, je veux dire que j'ai fait en sorte que le Japon n'entre pas en guerre contre l'Union soviétique ! »

On sent cependant l'esprit d'idéalisme fatigué dans ce dernier message. Après avoir discuté avec Clausen, il a été décidé d'attendre quelques jours avant de l'envoyer. Le danger se rapprochait de plus en plus du groupe Sorge. Toutes les arrestations ont été effectuées par la Haute Police spéciale, subordonnée au ministre de l'intérieur, dont les fonctions étaient d'enquêter sur les cas suspectés de sympathie pour la « gauche ».

Sorge a donc été arrêté le 18 octobre, samedi matin. Lundi suivant, rien n'indiquait qu'il serait autorisé à rencontrer Ott ou toute autre personne de l'ambassade. Chaque heure qui passait augmentait la possibilité angoissante que les enquêteurs découvrent la vérité et affirment qu'ils détenaient des preuves accablantes contre les personnes arrêtées. Quoi qu'Ozaki et Miyagi aient avoué, et quel que soit le matériel documentaire trouvé chez eux, tout cela pouvait être attribué aux renseignements recueillis pour l'ambassadeur Ott. Les maillons faibles, du point de vue de Sorge, étaient Clausen et Vukelich – surtout le premier. Cela dépendait en grande partie de la découverte de l'émetteur radio. Selon l'une des sources japonaises, Clausen a commencé à parler immédiatement, le jour de son arrestation, le 18 octobre. Le procureur Yoshikawa, cependant, affirme que Clausen n'a avoué que « le troisième ou quatrième jour après son arrestation ». En d'autres termes, le mardi 21 octobre ou le mercredi 22 octobre.

La rencontre de Sorge avec Ott, le 23, fut un épisode douloureux. Le général Ott indiqua que Sorge était tendu et qu'il a refusé de répondre à certaines questions, et lorsque la courte conversation a pris fin, Sorge lui a demandé de transmettre ses meilleurs vœux à Frau Ott et à toute la famille de l'ambassadeur. Le récit de Yoshikawa sur cette rencontre entre Sorge et Ott est éloquent :

« Au cours de la réunion, Sorge avait l'air complètement dévasté et son visage n'exprimait qu'une douleur et un sérieux extraordinaires, et par conséquent, dès qu'Ott l'a regardé, il a immédiatement saisi la gravité de la situation.

« Ott a dit : Eh bien, comment te sens-tu ?

« Sorge a répondu : C'est bon.

« Ott : Comment êtes-vous nourri ?

« Sorge : Satisfaisant.

« Ott : Avez-vous besoin de quelque chose ?

« Non, merci.

« Puis Sorge a dit : C'est notre dernière réunion. Après quoi Ott parut visiblement ému. Il était en uniforme et, saluant Sorge comme un soldat prussien, a quitté la pièce »

Selon Yoshikawa, Sorge, ayant déjà tout avoué, s'est rendu à contrecœur à une réunion avec l'ambassadeur. Il a déclaré que finalement, lui et Ott étaient de bons amis, bien qu'ils aient des opinions politiques différentes. Il a dû insister pour que cette rencontre ait lieu.

Le tournant pour Sorge a été le jour où on lui a montré les confessions faites par Clausen et d'autres membres du groupe, et où Yoshikawa s'est adressé à lui d'une manière typiquement japonaise :

« Et vos responsabilités humaines ? Vos complices, qui ont risqué leur vie en travaillant pour vous, ont tout avoué, espérant ainsi adoucir leurs peines.

« En tant que leader, allez-vous les laisser à leur sort ? Si j'étais à votre place, j'avouerais. »

Soudain, Sorge a demandé du papier et un crayon. Il a écrit en allemand : « Je suis membre du Komintern depuis 1925 ». Puis il froissa le papier en boule et le jeta à travers la pièce. Il sauta sur ses pieds et commença à arpenter la pièce. Et soudain, il fondit en larmes. « Je suis vaincu », a-t-il crié. – Pour la première fois de ma vie, j'ai été vaincu ».

Épilogue : Stalingrad

Le professeur Ikoma, traducteur du juge et des procureurs, savait qu'il était une sorte de médiateur entre les Japonais et Sorge. Il se permettait de parler à Sorge du déroulement de la guerre russo-allemande.

Stalingrad était assiégée et Sorge, se rendant compte que cela pourrait être un tournant dans la guerre, montra un grand intérêt pour la bataille de la Volga.

« Il m'interrogeait généralement à voix basse sur la bataille de Stalingrad, raconta Ikoma, pendant que le juge parlait à son greffier.

Je ne pouvais répondre précisément mais je lui ai décrit la situation en général. Le juge a vu nos conversations, mais ne nous a pas arrêtés. »

Ikoma se souvient que lorsque la situation a radicalement changé en faveur des Russes, Sorge était ravi et « son visage sévère et semblable à de la pierre s'est transformé en un sourire ».

Il y a un autre souvenir du comportement de Sorge à l'époque. Après de longs interrogatoires au poste de police, il a été transféré à la prison de Sugamo à l'automne 1942. Il était dans la cellule numéro 20 au premier étage du deuxième bâtiment et Ozaki était dans la onzième cellule du même bâtiment. Il se trouve qu'un autre agent du groupe, Kawai, a été emprisonné dans le même bloc. Il a réussi à voir la réaction enthousiaste de Sorge lorsqu'il apprit que Stalingrad avait été sauvée. Regardant à travers le judas de sa cellule, Kawai vit Sorge arracher de sa tête le chapeau en forme de panier et commencer à danser de joie dans le couloir, frappant le geôlier sur l'épaule !

Le nom de Stalingrad était désormais associé à sa fin tragique et restait le symbole de l'espérance.

Sorge dit au procureur : « Après ma mort, je vais revenir devant vous la nuit en prononçant un seul mot : Stalingrad ! »

Selon le procureur, « seuls les deux tiers de la durée totale de l'enquête ont été directement occupés par l'enquête, et un tiers du temps a été consacré à des conversations sur des sujets généraux, principalement sur le thème de la guerre russo-allemande. Sorge aimait expliquer ce qu'il ferait s'il commandait l'armée russe à la place de Staline.

Le 5 décembre 1942, le juge déclara que l'enquête sur Sorge et Ozaki était terminée et dix jours plus tard, il se prononça en faveur d'un procès formel.

Les accusés sont restés à Sugamo jusqu'au procès, qui a débuté en avril. Chacun d'eux a été déféré seul devant le tribunal pénal du district de Tokyo. Les audiences ont commencé par le procès d'Ozaki en avril 1943, suivi du procès de Sorge en mai, qui a duré jusqu'en août.

Les deux accusés espéraient qu'en tant que membres d'une organisation communiste internationale, ils seraient jugés en vertu de la loi sur le maintien de la paix, car cette accusation n'entraînait pas la peine de mort. Mais dès que l'affaire fut portée devant les tribunaux, des changements inquiétants dans la tactique du ministre de la Justice ont immédiatement été visibles. Sorge, en particulier, a fait une dernière tentative de défense dans sa déclaration :

« Il faut rappeler que les négociations entre les Japonais et les Américains n'étaient pas secrètes. Cette question a été discutée dans les journaux japonais et américains. Il était bien connu que l'ambassadeur américain Grew était actif dans les coulisses… J'ai moi-même reçu des instructions du *FrankFurter Zeitung* pour faire un compte-rendu complet des négociations, en particulier en attirant l'attention sur la médiation américaine entre le Japon et la Chine. J'ai envoyé de longs télégrammes et aucun d'entre eux n'a été censuré. »

Le personnage emblématique des services secrets soviétiques, le général Pavel Sudoplatov, d'ailleurs visiblement jaloux de la gloire posthume extraordinaire de Sorge, déclara un jour :

« Le comportement de Sorge pendant l'enquête après son arrestation par les autorités japonaises a provoqué une grave irritation à Moscou. Il a violé le principe fondamental du renseignement soviétique : ne jamais admettre, sous quelque forme que ce soit, des opérations d'espionnage en faveur de l'Union soviétique. »

Sorge a rappelé que « la plupart des informations d'Ozaki furent reçues du club des petits déjeuners. Cependant, ce club n'était pas une organisation officielle. Les informations échangées au sein du club doivent être discutées dans d'autres entreprises, qui étaient nombreuses à Tokyo à l'époque. Et même les données qu'Ozaki considérait comme importantes et secrètes, en fait, ne l'étaient plus dès qu'il les recevait indirectement ».

Ces rappels ont été vains. Le 29 septembre 1943, le tribunal de district de Tokyo condamnait Richard Sorge à mort.

Le procès d'Ozaki fut mené dans le même esprit.

Sorge et Ozaki ont fait appel devant la Cour suprême du Japon, mais la requête de Sorge a été rejetée le 29 janvier 1944, au motif qu'il ne parvenait pas à la produire « dans le délai légal ». Ozaki, sur les conseils urgents de son avocat, a fait appel devant la Cour suprême avec un appel et une déclaration finale. Après une longue discussion, ses appels ont également été rejetés par le tribunal le 5 avril et la condamnation à mort est restée inchangée.

Les deux autres accusés, Klausen et Vukelich, ont été condamnés à perpétuité et Anna Klausen a été condamnée à trois ans.

Le matin du 7 novembre 1944, Ozaki écrivit une carte postale à sa femme. Il était très inquiet pour son père qui, découragé par la condamnation de son fils, était sur le point de quitter sa maison de campagne et de retourner à Formose. Ozaki, plongé dans la monotonie froide de sa cellule, ne savait pas que, quelques minutes plus tard, il recevrait une visite.

La porte s'est ouverte et le gouverneur de la prison de Sugamo est entré. Froidement, avec son formalisme habituel, il a demandé le nom, l'âge et le lieu de résidence de la personne condamnée et, après avoir identifié la personne, a annoncé que, selon l'ordre du ministre de la Justice, Ozaki devrait être pendu ce matin-même.

Ozaki écouta la nouvelle calmement et s'inclina devant le procureur. Il enfila les vêtements propres mis de côté pour l'occasion et prit sa place dans le cortège de fonctionnaires du tribunal et d'un témoin. Ses mains étaient menottées et sur sa tête, il portait un chapeau de paille. Le petit groupe a traversé la cour de la prison et est entré dans un bâtiment en béton à hauts murs.

Ici, dans le couloir, éclairé par la faible lueur des bougies allumées sur l'autel bouddhiste, Ozaki a été accueilli par un prêtre de la prison, qui lui a demandé quels seraient sa dernière volonté et son dernier désir.

Il a demandé du thé et du saké. Après les prières rituelles, Ozaki entra dans la pièce derrière l'autel, vide et sans fenêtres, avec une potence érigée au milieu. Il se plaça sur l'estrade. Un nœud coulant fut jeté autour de son cou, et dès qu'il eut fini de lire la prière bouddhiste pour la tranquillité, le tabouret se déroba sous ses pieds.

L'horloge indiquait 9h33. Dix-huit minutes plus tard, le médecin de la prison confirmait qu'Ozaki Hotsumi, quarante-trois ans, était mort.

Quelques minutes après le retrait du corps d'Ozaki, le chef de la prison avec sa suite est entré dans la cellule de Richard Sorge, qui ne s'attendait pas non plus à une telle visite ce jour-là. Les mêmes formalités ont été répétées et on a demandé à Sorge s'il avait quelque chose à dire. Sorge a répondu : « Non, rien d'autre » et il remercia le prêtre et le personnel de la prison pour leur courtoisie.

D'après la description du protocole, Sorge se dirigea calmement vers le lieu de l'exécution. À travers le couloir, sans s'arrêter à l'autel bouddhiste, il s'avança vers la potence.

Il n'aurait pas dit un mot.

Le procureur japonais, lui, affirma dans ses mémoires que ses derniers mots furent : « Vive l'armée rouge ! Vive le Komintern ! Vive l'Union soviétique ! » Après avoir travaillé sur la personnalité de Sorge depuis de nombreuses années, je suis enclin à croire à cette dernière version.

Le tabouret a été retiré sous ses pieds à 10 h 20 et quelques minutes plus tard, il était déclaré mort. Il avait quarante-neuf ans. Fidèle à sa réputation de grand amoureux devant l'éternel, le maître espion avait gardé les lettres de trois femmes qu'il avait vraiment aimées : sa première femme Christine, sa femme russe Katia et la japonaise Hanako-san...

Le 7 novembre 1944 était le jour du vingt-septième anniversaire de la révolution russe.

Plus tard, une légende a surgi selon laquelle Sorge n'aurait pas été pendu mais secrètement échangé et exilé en Union soviétique. Cependant, le récit du bourreau semble terriblement convaincant. « J'ai regardé

Richard Sorge durant tout le temps où il était en prison et jusqu'à son exécution. Et donc je peux jurer que c'était lui et personne d'autre».

Le lendemain, la femme d'Ozaki et ses avocats sont allés à la prison pour récupérer le corps. Ils le trouvèrent, et à côté du cadavre d'Ozaki se trouvait un autre mort attendant qu'on l'enterre.

Le lendemain, un court télégramme de l'ambassadeur d'Allemagne à Tokyo confirmait à Berlin l'exécution du «journaliste allemand Richard Sorge» condamné à mort pour espionnage pour l'Union soviétique, « selon les informations reçues du ministère des Affaires étrangères». Les réponses à la liste des questions soulevées par l'ambassade et concernant les premières activités communistes de Sorge contre l'Allemagne seront données par le procureur japonais sur la base du matériel documentaire disponible.

Un matin, dans la cellule de sa prison, Sutamo Clausen a entendu des pas dans le couloir…

Plus tard, en 1945, Clausen lui-même a failli brûler vif lors d'un raid aérien américain sur Tokyo. Des morceaux de bois en feu sont tombés dans la cellule à travers le verre brisé et ont continué à brûler sur les nattes. Clausen s'est presque évanoui à cause de la fumée. Bientôt, il fut transféré à la prison d'Akita, d'où il fut libéré par les troupes américaines le 8 octobre 1945. Il était si affaibli qu'il s'est immédiatement rendu à l'hôpital local de l'armée américaine.

Après un rétablissement rapide, Clausen a été emmené à Tokyo par une escorte américaine. Clausen, avec l'aide d'un avocat japonais, a retrouvé sa femme Anna, qui avait également été libérée de prison à ce moment-là. Quelques jours plus tard, les Clausen « ont été enlevés » par les Soviétiques en 1945 sous le nez des autorités américaines. Sur un avion militaire soviétique, les Clausen se sont envolés pour Vladivostok, où Max a été admis dans un hôpital naval.

Quelque temps plus tard, Max et Anna sont repartis plus loin le long du Transsibérien dans le même train sur lequel ils avaient voyagé vers leur destin, au Japon, seize ans auparavant, et sont arrivés à Moscou, « où ils ont été chaleureusement accueillis par des amis ».

À partir de ce moment, toute trace de ce couple semblait perdue. En réalité, après un séjour temporaire en Union soviétique et des débriefings pendant plusieurs mois, les Clausen sont partis pour Berlin Est, où ils ont été autorisés à mener une vie « calme et humble ». Ils ont changé de nom et ont rejoint le Parti communiste est-allemand.

En 1953, Max a travaillé sur un chantier de construction sur la Moderson Strasse à Berlin Est, « aidant à reconstruire une nouvelle Allemagne démocratique ». Puis il est devenu instructeur au chantier naval de

Kopenick et à la Compagnie de construction navale est-allemande.

Ainsi, après des années de travail clandestin qui débutèrent avec l'adhésion au Parti communiste allemand en 1927, Max retrouva le milieu des marins…

Cependant, la morosité habituelle de ces années d'après-guerre a été soudainement brisée au moment où le Conseil suprême de l'URSS décerna le 6 novembre 1964 à titre posthume à Richard Sorge le titre de Héros de l'Union soviétique. Alors la vie de Max changea radicalement de nouveau.

Ses photographies paraissaient à la Une des journaux. Au début d'octobre 1964, le général Erich Mielke, ministre de la Sécurité d'État de la République démocratique allemande, remit à Max et Anna Clausen la médaille d'or du mérite lors d'une cérémonie publique.

Après des années de travail illégal et de prison puis deux décennies d'oubli, les Clausen étaient largement reconnus pour leurs « services » en tant qu'agents de l'un des groupes les plus extraordinaires jamais créés par le renseignement militaire soviétique. Et maintenant, ils pouvaient prendre la place qui leur revenait dans l'histoire mondiale de l'espionnage.

Quant à Miyagi, le membre le plus courageux du groupe, il est mort en prison sans même avoir reçu de verdict en août 1943.

Le sort de Branko Vukelich s'est terminé tragiquement. Tous les membres du groupe dans la prison étaient détenus dans des cellules séparées. En septembre 1943, Vukelich, comme Clausen, fut condamné à la réclusion à perpétuité. Pendant un certain temps, il est resté à la prison de Sugamo, où sa femme japonaise Yamasaki Yoshiko pouvait lui rendre visite et apporter des vêtements, des livres et de l'argent pour acheter de la nourriture. En avril 1944, après que la Cour suprême eut rejeté tous les appels des accusés, le régime pénitentiaire n'autorisait qu'une seule visite par mois.

En juillet 1944, Vukelich a été transféré à la sombre prison d'Abashiri à Hokkaido, située dans le nord du Japon, dans une région au climat rude et terrible. Yoshiko a reçu la permission d'amener son jeune fils à la dernière brève rencontre avec son mari trente minutes avant son départ. Il avait l'air maigre et émacié après plus de trois ans de prison et des interrogatoires sévères, et souffrait de dysenterie chronique. Vukelich n'a pas permis à sa femme de le suivre à Hokkaido en hiver avec son petit-fils.

Le 15 janvier 1945, Yoshiko a reçu un télégramme signé par les autorités pénitentiaires. Le texte disait : « Prendras-tu le corps ou prendrons-nous les mesures nécessaires ? » Vukelich n'a pas survécu au climat rigoureux d'Hokkaido et aux conditions de détention. Il est mort d'une pneumonie deux jours avant l'envoi du télégramme.

Dans une lettre écrite à sa belle-mère Vilma Vukelich à Zagreb, Yoshiko écrivait le 15 décembre 1946 : « Je l'ai déjà trouvé dans son cercueil, en prison. Il était enveloppé de blanc, comme il est d'usage dans la tradition japonaise. Il était si mince, froid et engourdi. Un corbillard à cheval a été envoyé pour lui et il a été emmené au crématorium, où j'étais présent lors de la crémation ».

L'odyssée d'un jeune étudiant révolutionnaire de Zagreb s'achevait…

Mais en janvier 1965, Yoshiko et son fils furent reçus par le président du Soviet Suprême de l'Union soviétique Anastas Mikoyan et reçurent l'Ordre de la guerre patriotique, 1er degré, comme une reconnaissance posthume des mérites de leur père et époux.

Après l'arrestation de Sorge, sa compagne Hanako-san a été interrogée mais l'affaire n'est pas parvenue au procureur. Sorge a réussi à convaincre ce dernier que cette jeune fille ne savait rien de son travail secret.

« Elle finira par épouser un instituteur », a déclaré Sorge. « Je vous en supplie, ne la mêlez pas à cette affaire ».

Cependant, en août 1943, elle fut de nouveau arrêtée. Elle a été interrogée, avec une sévérité insultante : le procureur l'a traitée d'espionne et d'ennemie de son propre pays.

Mais finalement cinq jours plus tard, Hanako était libérée et on ne l'ennuya plus.

Après la guerre, Hanako-san décida de rechercher la dépouille de Sorge, en lisant la note suivante dans un magazine :

« Le corps de Sorge a été enterré dans le cimetière de Zosigaya par les autorités de la prison de Sugamo, car il n'y avait personne pour assumer cette triste responsabilité. Un panneau en bois modeste a été placé sur la tombe, mais quelqu'un l'a pris - peut-être en raison d'un manque de carburant. Et maintenant, il n'y a aucune trace de la tombe. »

Hanako a rencontré l'avocat qui a défendu Sorge, et a obtenu le soutien du jeune cousin d'Ozaki. Pendant deux ans, elle a tracassé les autorités pénitentiaires et les responsables des enterrements dans le sombre cimetière de Zosigaya, et a finalement réussi un exploit étonnant dédié à son amour.

Le cercueil a été retrouvé dans la partie du cimetière où des vagabonds sans abri sont habituellement été enterrés. La décomposition est allée trop loin et seul le squelette a survécu.

Hanako-san était heureuse que sa recherche soit enfin terminée. Le grand crâne et les os appartenaient clairement à un étranger, il y avait aussi des traces de dommages sur les os d'une jambe – le résultat de la vieille blessure de Sorge. Hanako a également reconnu ses dents grâce aux obturations en or.

C'est ainsi qu'elle décrit ses sentiments ce jour-là, en novembre 1949, cinq ans après l'exécution de Sorge.

« J'ai pris deux os très longs et solides dans mes mains et les ai examinés attentivement. L'un d'eux avait une fissure verticale au centre et une couture inégale. La partie où se trouvait la couture était plus large et plus solide que le reste. Cet os était un centimètre plus court que l'autre.

- A-t-il été blessé ?, demanda doucement le jeune homme qui se tenait à côté de moi.

- Oui, j'ai entendu dire qu'il l'était. Je pense que cette blessure date de la Première Guerre mondiale ».

Commentant cette scène, le cousin d'Ozaki, le jeune homme qui se tenait à côté de Hanako dans le cimetière, a écrit : « Sorge, qui a grandi pendant la guerre et est mort pendant la guerre, portait sur ses os, même dans le lieu de son dernier repos, la marque des champs de bataille ».

Hanako-san avait une bague en or fabriquée à partir des plombages d'or de ses dents, dont elle ne s'est jamais séparée depuis.

Le cercueil a été déplacé vers le cimetière tranquille de Tama, qui est situé juste à l'extérieur de la ville, où il a été enterré à côté des restes de ses compagnons Ozaki Hotsumi et Miyagi Yotoku.

Quelque temps après sont arrestation, Sorge avait exigé de l'enquêteur que la police contacte l'ambassade soviétique, dans l'espoir que les négociations sur son échange commenceraient par la voie diplomatique. En vain, car Staline n'a jamais reconnu que Sorge fût son maître espion, craignant des complications dans ses rapports avec le Japon dans le contexte de la guerre mondiale…

Cette arrestation soudaine et inattendue coïncida à quelques jours près avec son message fatidique envoyé au Kremlin que le Japon frapperait le sud et qu'il n'y aurait pas de guerre avec l'Union soviétique.

Sorge a ainsi changé le cours de l'histoire : Moscou pouvait maintenant négocier calmement avec Tokyo pendant des mois.

Mais Sorge continua à rêver. « Et compte tenu de sa connaissance unique de la scène politique japonaise, et après une réalisation aussi remarquable dans ses activités de renseignement, les autorités de Moscou, bien sûr, prendront toutes les mesures nécessaires pour obtenir sa libération immédiate ou son échange. Sorge savait également que son vieil ami de l'époque russe, Solomon Lozovsky, était le vice-commissaire aux affaires étrangères du gouvernement soviétique. Il appréciait beaucoup Sorge, et il aurait bien pu arriver que Sorge puisse jouer un rôle clé dans les futures négociations soviéto-japonaises ».

La question se posa inévitablement à Staline avec sa suspicion légendaire : Sorge a-t-il déjà travaillé pour les Allemands aussi bien que pour les Russes ? Le personnage clé du service de sécurité allemand, Walter Schellenberg, dans ses mémoires publiées après sa mort, a formellement déclaré que Sorge avait envoyé des rapports de renseignement à Berlin et qu'en 1940, les services de sécurité l'avaient protégé des « difficultés » et de l'enquête entreprise par le parti nazi, étant donné la valeur extrême des renseignements qui lui ont été fournis, prétendument par les voies officielles de l'agence de presse allemande dont le chef, Wilhelm von Ritgen, a transmis les informations reçues de Sorge à Schellenberg lui-même.

Ainsi, une autre légende sur Sorge apparut, à savoir que Sorge était « un agent double ». La crédibilité de cette version, assidûment propagée par les généraux soviétiques mêlés à cette affaire, me parait douteuse. Cependant, il est évident que tous les journalistes internationaux en temps de guerre étaient obligés de fournir diverses informations aux services de renseignement de leur pays. Il est également vrai que Sorge remplaçait parfois le responsable local de l'agence de presse allemande à Tokyo, le Dr Rudolf Weise, lorsque ce dernier était absent, et il était de son devoir de faire rapport à Berlin car Weise lui-même était associé aux services de renseignement allemands.

Cependant, selon ce personnage des services secrets nazis Schellenberg, Sorge était soupçonné de travailler pour les Russes. Mais il a envoyé des informations sur les intentions japonaises, ainsi que sur la politique britannique et américaine en Extrême-Orient. Il aurait donc dû être préservé et protégé comme une source « inestimable » d'informations. À cette fin, le représentant de la Gestapo le colonel Meisinger a été chargé, toujours selon Schellenberg, d'effectuer une enquête spéciale. Le rapport de Meisinger s'est avéré favorable pour Sorge, mais pour une raison quelconque, il a quelque peu maladroitement indiqué à la police japonaise qu'il avait ordre de surveiller son compatriote. Schellenberg a pris conscience de cette erreur lors d'une mission de police japonaise qui s'est rendue à Berlin au printemps 1941.

« Les renseignements reçus de Sorge sont devenus de plus en plus importants pour nous car en 1941, nous voulions vraiment en savoir le plus possible sur les projets du Japon concernant les États-Unis… Après le début de notre campagne en Russie, il nous a prévenus que le Japon ne se trouvait pas dans la perspective de dénoncer le pacte de non-agression qu'il avait conclu avec l'Union soviétique. »

La thèse de Schellenberg, cependant, n'implique pas directement que Sorge était un agent professionnel des services de renseignement allemands, mais souligne plutôt qu'il était une source absolument nécessaire d'informations précieuses. Une autre explication est possible : Sorge a toujours souligné l'importance de la mission « politique» qu'il assumait volontairement, à travers l'ambassade d'Allemagne à Tokyo, dans la lutte d'influence sur la politique allemande à Berlin. Certaines options étaient bénéfiques à l'Union soviétique et il aurait envoyé des rapports adaptés pour produire exactement cet effet. Si, de cette manière, il a consciemment agi comme agent d'influence, réussissant à convaincre les Allemands que le Japon n'attaquerait pas l'Union soviétique, alors sa véritable mission pouvait être considérée comme doublement remplie.

Par conséquent, il est tout à fait possible que Sorge ait envoyé de tels rapports à Berlin de sa propre initiative, poursuivant précisément ces objectifs. Il n'y a aucune preuve concluante, autre que la conclusion de Schellenberg, qui voudrait faire de Sorge un agent double. L'essence de son travail journalistique à l'ambassade ou même ses services ponctuels en tant que courrier ne peuvent pas être considérés comme des preuves confirmant cette thèse.

Néanmoins, la légende Sorge fut portée au pinacle durant les années 1960, dans le contexte de la déstalinisation en Russie, et par la sortie, en 1961, d'un premier film sur son histoire – *Qui êtes-vous M. Sorge ?*, du réalisateur français Yves Ciampi.

Dès la fin des années 50, le livre de l'ancien diplomate nazi Hans-Otto Meissner *L'Homme aux trois visages* était tombé entre les mains du cinéaste français Yves Ciampi.

Meissner travaillait à l'ambassade d'Allemagne à Tokyo avant la guerre et connaissait bien « le charmant et un peu dissolu » journaliste Richard Sorge. Quand il s'est avéré que ce merveilleux compagnon de beuverie et séducteur invétéré travaillait pour le renseignement soviétique, ce fut un coup de tonnerre. Frappé par ce qui s'était passé, Meisner a écrit un livre. Yves Ciampi en fit un film et c'est ainsi que commença la véritable gloire de « Ramsay ».

La réalité de l'art devient souvent la réalité de la vie.

Le film connut un grand succès et le réalisateur français, en vrai homme de gauche, résolut de le présenter en URSS. Le film a été regardé par des fonctionnaires du ministère de la Culture qui ont décidé qu'il ne convenait pas au public soviétique.

Lorsque le Comité d'État pour la cinématographie, le fameux Goskino, fut formé en URSS en 1963, Yves Ciampi offrit à nouveau sa bande à ses amis à Moscou.

La chance accompagna la gloire posthume de notre maître espion. Tout à fait par hasard, un homme du service de renseignement étranger du KGB a appris la projection prévue, a regardé le film, a rapporté à ses supérieurs que le film « était extraordinaire sauf que le Français est allé trop loin avec l'érotisme… »

Passons ensuite la parole à Nikolaï Zakharov, vice-président du KGB :

« J'ai immédiatement appelé le président du Comité d'État pour la cinématographie :

- Eh bien, comment est le film ?

- Vous savez, à mon avis, le Ministre de la culture avait raison de refuser de l'acheter. Il contient de nombreux défauts graves et certains fragments érotiques ne sont pas acceptables.

- On me dit que le film est bon. Faisons ceci : je vais prendre le film pour le montrer à la direction du KGB. Si le KGB aime le film, nous le montrerons aux membres du Politburo samedi.

Le KGB a alors approuvé le film, demandant au chef de la sécurité personnelle de présenter le film au chef du Kremlin Khrouchtchev. Plusieurs employés du KGB qui parlaient couramment le français devaient assurer la traduction simultanée du film. Les membres du Politburo et les secrétaires du Comité central se sont réunis sous la présidence du chef du Kremlin.

Le thé a été servi à tout le monde et une liste de dix films prêts pour la projection a été distribuée. Il n'y avait pas le film sur Sorge.

Le public a commencé à discuter de ce qu'il voulait voir, quand soudain Khrouchtchev a suggéré :

« Mais le KGB recommande un film sur le maître espion Sorge. On pourrait le voir ? »

Un murmure d'approbation parcourut la salle.

À la fin du film, les spectateurs entourèrent Khrouchtchev.

« Eh bien, comment avez-vous trouvé le film ? », demanda-t-il.

Tout le monde garda le silence.

« À mon avis, le film est bon. Dites que nous avons approuvé le film. Il faut l'acheter et le traduire en russe. »

Ainsi a commencé la gloire russe de Richard Sorge.

Cependant, il existe également une autre version de cet épisode que me raconta Alexandre Yakovlev, idéologue de la pérestroïka qui était à l'époque haut fonctionnaire du comité central du PSUS supervisant le cinéma.

Après avoir à nouveau regardé le film à sa datcha, Khrouchtchev s'était exclamé :

« C'est comme ça qu'on invente des histoires ! Vous savez que tout cela n'est que fiction, mais vous êtes passionné du début à la fin, vous attendez toujours la suite…

– Ce n'est pas une invention, a alors réagi l'un des officiers du KGB présents. C'est vrai… »

Khrouchtchev fut surpris et décrocha son téléphone pour appeler le président du KGB, qui le lui a confirmé : oui, nous avions un tel espion…

« Alors pourquoi le pays n'est-il toujours pas au courant de son exploit ? », s'est indigné le chef du Kremlin.

Une commission fut immédiatement créée à la demande de Khrouchtchev.

Le 5 novembre 1964, veille de la célébration de l'anniversaire de la révolution de 1917, vingt ans après son exécution, Richard Sorge reçut à titre posthume la plus haute distinction : le titre de héros de l'Union soviétique.

L'événement a été marqué par une série de publications dans la presse soviétique, préparées par des journalistes de premier plan et consacrées à la contribution de Sorge à la victoire de la Seconde Guerre mondiale. Des détails historiques jusqu'alors inconnus de sa carrière ont été rendus publics. L'une des rues de Moscou porte le nom de Sorge, tout comme un pétrolier. Au printemps 1965, les autorités soviétiques ont émis un timbre-poste en l'honneur de Sorge. Ce timbre commémoratif représente le visage de Sorge sur un fond écarlate, avec à côté de son portrait une reproduction de la médaille de héros de l'Union soviétique.

Quelle est la véritable signification du moment choisi pour la réhabilitation inattendue et tardive du maître espion ? Comme l'écrivait le correspondant de la *Pravda* avec une prudence évidente, même après la mort de Staline : « Dans les années qui ont suivi la mort de Sorge, de nombreuses raisons n'ont pas permis d'informer la population sur cet héroïque officier du renseignement. Seulement vingt ans plus tard, des conditions favorables sont venues dire la vérité sur Sorge ».

Ces « révélations » venaient des discussions en Union soviétique sur les événements qui ont suivi immédiatement après l'attaque allemande contre la Russie en juin 1941, dans laquelle Staline a été critiqué pour ne pas avoir prévu cette défaite, et pour les erreurs commises dans la gestion de la guerre…

Au centre de la controverse se trouvait le refus de Staline de tenir compte des avertissements de plusieurs sources annonçant une attaque nazie imminente. Ces polémiques ont mis en lumière la principale réalisation de Sorge et sont devenues le point de départ d'un acte de justice tardif. Les messages de Sorge depuis Tokyo sur les intentions allemandes ont apparemment été classés dans un dossier intitulé « Informations douteuses et trompeuses ».

Cependant, le mépris de Staline pour des renseignements fiables provenant d'une source secrète n'était qu'un élément important de sa mauvaise appréciation générale de la planification stratégique dans laquelle le haut commandement soviétique était engagé et de la contribution du renseignement militaire de la 4ème Direction. Derrière la figure solitaire de Sorge se dressent désormais les ombres de ses dirigeants, le général Berzin et le colonel «Alex» Borovich, fusillés lors des purges, réhabilités en 1964 et reconnus à titre posthume pour leurs services exemplaires.

Simultanément à la création d'une image compréhensible pour le grand public, Sorge a également reçu une reconnaissance sans précédent des services secrets soviétiques.

Un espion est avant tout une personne politique, capable de capturer, d'analyser et de relier des événements qui, à première vue, semblent sans rapport les uns avec les autres. Il doit avoir la vision large d'un stratège et la capacité d'un observateur méticuleux. L'espionnage est un travail continu et exigeant qui ne s'arrête jamais.

Un agent doit avoir des qualités intellectuelles et une érudition exceptionnelles. Il n'y a pas de place pour l'image d'un fantôme espion rampant. Sorge devint ainsi, selon sa propre formule prémonitoire, « un apôtre de la cause de la paix », un espion pour l'éternité !

Données biographiques

- Le 4 octobre 1895 dans la famille de Gustav Wilhelm Richard Sorge, 43 ans, et Nina Semyonovna Kobeleva, 28 ans, le quatrième fils, Richard, est né à Bakou. En 1898, la famille déménage en Allemagne.
- En 1912, ses parents envoient Richard dans une vraie école spéciale du quartier berlinois de Lichterfelde.
- Le 1er août 1914, l'Allemagne du Kaiser déclare la guerre à la Russie tsariste. Sorge faisait partie des volontaires. Il a été formé dans le bataillon de réserve du 91e régiment d'infanterie, où régnait la devise : « Une balle dans le front d'un Français, une baïonnette dans le ventre d'Ivan ».
- Richard a commencé la guerre en Flandre, où la 4ème armée allemande s'est retrouvée bloquée. Sorge faisait partie du bataillon d'étudiants du 3e régiment d'artillerie de campagne.
- Après trois blessures, avec le grade de sous-officier, Sorge est démobilisé de l'armée du Kaiser en janvier 1918.

- À l'été 1918, dans la ville de Kiel, Sorge adhère au Parti social-démocrate indépendant d'Allemagne.

- En la personne d'un professeur agrégé de 30 ans, puis professeur, Ph. D. Kurt Albert Gerlach, Sorge a trouvé un professeur des disciplines économiques à Kiel.

- En mars 1921, Sorge s'installe à Solingen, dans la maison n°19 de la rue Wieden.

- Du 22 au 26 août 1921, Sorge est délégué au Congrès d'Iéna du KKE.

- Dans le questionnaire d'un employé du Comité Exécutif du Komintern, rempli par Sorge le 17 décembre 1924 (en allemand), il indiquait son nom et son patronyme Ika Richard. Dans la carte d'enregistrement d'un membre de la cellule RCP (b), remplie en russe en 1926, Sorge se faisait appeler « Ika Rikhardovich ». Ika est un nom familier depuis l'enfance de Richard et un nom de fête en Allemagne.

- En 1921, le Parti communiste chinois émerge à Shanghai.

- Sorge parlait anglais avec les Japonais – membres du groupe « Ramsay ». Il a préparé des rapports au Centre en anglais, envoyé des documents analytiques en allemand. La bibliothèque Sorge avait environ 800 à 1000 livres sur le Japon seul.

- R. Sorge a été admis au service d'information de l'ECCI le 7 octobre 1924 et a commencé à travailler le 15 décembre 1924. Avec Christina (sa première épouse), il a été hébergé à l'hôtel Komintern « Lux » à Tverskaya 36, dans la salle 20. Richard Sorge a été recommandé au Komintern par Otto Kuusinen.

- En 1925, Sorge devient membre du RCP (b). Des recommandations lui ont été données par Joseph (Osip) Pyatnitsky, Dmitry Manuilsky, Otto Kuusinen.

- En avril 1926, Sorge entre au secrétariat de l'ECCI. Il a travaillé avec Ercoli (communiste italien Palmiro Togliatti).

- Sun Yat-sen, décédé en 1925, a invité des représentants militaires soviétiques en Chine en 1923.

- En avril 1927, Chiang Kai-shek organise un putsch et forme un gouvernement à Nanjing qui poursuit une politique anticommuniste en matière de politique étrangère et intérieure. Une armée de 2,2 millions de personnes était sous les armes en Chine, dont 70 pour cent étaient subordonnés à Chiang Kai-shek. Les 30 pour cent restants faisaient partie des soi-disant « armées nationales » des grands propriétaires terriens chinois.

- En 1929, après la préparation et la conversation finale avec Jan Berzin, Richard Sorge part pour la Chine, ayant certaines tâches définies par le Centre.

  1. Définir et caractériser les activités sociales et politiques du gouvernement de Nankin et de ses différentes factions.

  2. Révéler le potentiel militaire de Chiang Kai-shek.

  3. Étudier la politique étrangère et intérieure du gouvernement de Nankin.

  4. Donner un profil social et politique de toutes les forces d'opposition au gouvernement de Chiang Kai-shek.

  5. Définir la politique de l'Angleterre et des États-Unis en Chine.

  6. Déterminer la puissance militaire des puissances étrangères en Chine.

  7. Le problème du statut d'extraterritorialité des étrangers en Chine.

  8. Le niveau de développement de l'économie et de l'industrie en Chine.

- 10 janvier 1930 : Sorge arrive à Shanghai à bord d'un paquebot japonais.

- La première carte de visite de Sorge disait : « Dr Richard Sorge, PO Box 1062, Shanghai. »

- L'argent provenait de la New York National City Bank au nom de Sorge sur un compte auprès de la Manufacturing Bank of China.

- Dans les archives de la police de Shanghai, il y a des preuves : « De juillet 1931 à janvier 1932, Sorge était sous surveillance policière. Ils ont vérifié sa boîte postale n° 1062 et ont également surveillé son appartement. Il a été établi qu'il ne sortait que de temps en temps de la maison, passait son temps libre à jouer aux échecs avec des amis. »

- En novembre 1932, Sorge retourne en URSS depuis Shanghai.

- La distance parcourue par Sorge lors de ses voyages en Chine a totalisé plus de dix mille kilomètres.

- Du 15 février 1932 à octobre 1941, Richard Sorge était un résident du groupe illégal de Ramsay au Japon.

- Au Japon dans les années 1930, la Constitution de 1889 était en vigueur.

- 25 novembre 1936 : signature du pacte anti-Komintern entre l'Allemagne et le Japon.

- 27 septembre 1940 : la « Triple Alliance » est signée à Berlin.

- 13 avril 1941 à Moscou (Kremlin) : un pacte de neutralité est signé entre l'URSS et le Japon.

- Le 18 octobre 1941, Richard Sorge est arrêté à Tokyo.

- 7 novembre 1944, Richard Sorge est exécuté dans une prison de Tokyo.

- Le 5 novembre 1964, par décret du Présidium du Soviet suprême de l'URSS, Richard Sorge se voit décerner le titre de Héros de l'Union soviétique.

Bibliographie

- Allen, Thomas ; Polmar, Norman (1997), *The Spy Book*, New York : Random House
- Andrew, Christopher ; Gordievsky, Oleg (1990), *KGB : The Inside Story of Its Foreign Operations from Lenin to Gorbachev*, New York : Harper Collins
- Andrew, Christopher ; Mitrokhin, Vasili (2000), *The Mitrokhin Archive*, London : Penguin Books
- Messana, Paola (2011), *Soviet Communal Living : An Oral History of the Kommunalka*, New York : Palgrave Macmillan
- Bagley, Tennent (2013), *Spymaster : Startling Cold War Revelations of a Soviet KGB Chief*, New York : Skyhorse Publishing
- Deakin, F. W. ; Storry, G. R. (1966), *The case of Richard Sorge*, London : Chatto & Windus

- Hastings, Max (2015), *The Secret War : Spies, Codes and Guerrillas 1939-1945* (Paperback), London : William Collins

- Matthews, Owen (2020). *Impeccable Spy : Richard Sorge, Stalin's Master Agent*. London ; New York : Bloomsbury

- Meissner, Hans-Otto (1955), *The Man with Three Faces. The True Story of a Master Spy*, New York : Rinehart ; translation of *Der Fall Sorge* (München : Wilhelm Andermann 1955).

- Partsch, Cornelius (Winter 2005), "The Case of Richard Sorge : Secret Operations in the German past in 1950s Spy Fiction", *Monatshefte*, 97 (4) : 628–653, doi :10.3368/m.XCVII.4.628, S2CID 219196501

- Prange, Gordon W. ; Goldstein, Donald M. ; Dillon, Katherine V. (1984), *Target Tokyo : The Story of the Sorge Spy Ring*, New York : McGraw-Hill

- Whymant, Robert (1996), *Stalin's Spy : Richard Sorge and the Tokyo Espionage Ring*, London : I.B. Tauris Publishers

- Whymant, Robert (2006) [1996], *Stalin's Spy : Richard Sorge and the Tokyo Espionage Ring*, New York : Palgrave MacMillan

- Jochem, Clemens (2017), *Der Fall Foerster: Die deutsch-japanische Maschinenfabrik in Tokio und das Jüdische Hilfskomitee*, Berlin: Hentrich & Hentrich

Du même auteur

- *Histoire de la diplomatie française*, Académie diplomatique, 1985.
- *Histoire secrète d'un coup d'État*, avec Ulysse Gosset, Lattès, 1991.
- *Les Égéries russes*, avec Gonzague Saint Bris, Lattès, 1994.
- *Les Égéries romantiques*, Lattès, 1995.
- *Le Département du diable*, Plon, 1996.
- *Les Deux Sœurs ou l'Art d'aimer*, Lattès, 1997, 2004. (*prix des Romancières*)
- *Le Triangle russe*, Plon, 1999.
- *Les Tsarines, les femmes qui ont fait la Russie*, Éditions du Rocher, 2000.
- *De Raspoutine à Poutine, les hommes de l'ombre*, Éditions Perrin livre de poche, 2001. (prix d'Étretat)

- *Le Retour de la Russie*, avec Michel Gurfinkiel, Odile Jacob, 2001.
- *L'Histoire secrète des Ballets russes*, Éditions du Rocher, 2002. (*prix des écrivains francophones d'Amérique*)
- *La Guerre froide*, Mémorial de Caen, 2002.
- *Les Tsarines*, Éditions du Rocher, 2002.
- *La Fin de l'URSS*, Mémorial de Caen, 2002.
- *Le Roman de Saint-Pétersbourg*, Éditions du Rocher, 2003. (prix de l'Europe)
- *Le Roman du Kremlin*, Éditions du Rocher-Mémorial de Caen, 2004. (*prix Louis Pauwels*)
- *Diaghilev et Monaco*, Éditions du Rocher, 2004.
- *Le Roman de la Russie insolite : du Transsibérien à la Volga*, Éditions du Rocher 2004.
- *Paris – Saint-Pétersbourg: la grande histoire d'amour*, Presses de la Renaissance, 2005.
- *Le Roman de l'Orient Express*, Éditions du Rocher, 2006. (*prix d'histoire André-Castelot*)
- *Le Fantôme de Staline*, Éditions du Rocher, 2007.
- *Les Romans des rencontres magiques*,Éditions du Rocher 2007.

- *Les Amours de la Grande Catherine*, Éditions Alphée. Jean-Paul Bertrand, 2008.
- *Le Roman de l'âme slave*, Éditions du Rocher, 2009.
- *Napoléon et Alexandre*, Éditions Alphée, 2009.
- *Les Romans de la Russie éternelle*, Éditions du Rocher, 2009.
- *Le Roman de Tolstoï*, Éditions du Rocher, 2010.
- *Le Roman de l'espionnage*, Éditions du Rocher, 2011.
- *Le Roman de Raspoutine*, Éditions du Rocher, 2011. (Grand prix Palatine du roman historique)
- *Le Roman du siècle rouge* (avec Alexandre Adler), Éditions du Rocher, 2012.
- *L'islamisme va-t-il gagner ?: le roman du siècle vert* (avec Alexandre Adler) éditions du Rocher, 2012.
- *La Magie de Saint-Pétersbourg*, Éditions du Rocher, 2012.
- *Le Roman des Tsars*, Éditions du Rocher, 2013.
- *Le Roman de la perestroïka*, Éditions du Rocher, 2013.
- *Le Roman des espionnes*, Éditions du Rocher, 2014

- *Poutine, l'itinéraire secret*, Éditions du Rocher, 2014.
- *La Magie de Moscou*, Éditions du Rocher, 2014.
- *La Volupté des neiges*, Éditions Albin Michel, 30 avril 2015.
- *Dictionnaire amoureux de Saint-Pétersbourg*, Plon, 2016.
- *Poutine de A à Z*, Stock, 2017.
- *Au cœur du Kremlin, des tsars rouges à Poutine,* Stock, 2018.
- *Le Roman vrai de la manipulation*, Flammarion, 2018
- *Sur tes cils fond la neige : le Roman vrai du docteur Jivago*, Stock, 2019
- *La Grâce venue des neiges : dans les coulisses des ballets russes*, Apopsix, 2019.
- *Le Phénomène Staline : du tyran rouge au grand vainqueur de la Seconde Guerre mondiale*, Stock, 2020.
- *Le Roman vrai de Gorbatchev*, Flammarion, 2021.
- *Amour et inspiration : muses, artistes et collectionneurs*, Balland, 2021.

DU MÊME AUTEUR

- *Poutine, l'Ukraine, les faces cachées,* Balland, 2022
- *Nicolas II – Lénine. Le Roman d'une révolution,* Balland 2022.

Table des matières

Achevé d'imprimer en mars 2023 par Corlet Imprimeur — 14110 Condé-en-Normandie
Dépôt légal : mars 2023 — N° d'imprimeur : 23030586 — *Imprimé en France*